总体国家安全观系列丛书

百年变局与国家安全

National Security in the Unprecedented Changes in a Century

中国现代国际关系研究院 著

时事出版社
北京

主　编

王鸿刚

撰稿人

李　岩　张文宗　杨文静

李　峥　徐飞彪　程宏亮

贾春阳　董春岭　李　默

总体国家安全观
系列丛书

《百年变局与国家安全》
分册

总 序

一

摆在读者面前的这套丛书，名为“总体国家安全观系列丛书”，共六册。分别是《地理与国家安全》《历史与国家安全》《文化与国家安全》《生物安全与国家安全》《大国兴衰与国家安全》《百年变局与国家安全》。

我们试图以一种通俗而不失学术、鲜活而不失严肃的方式，让读者走进国家安全这个既神秘高端又同我们每个人息息相关的领域，在拓展知识开阔眼界的同时，提升我们的国家安全意识，增强统筹发展和安全的本领，为中国从大国走向强国奠定思想基础。这是我们学习领会习近平总书记创造性提出的总体国家安全观的一种尝试，也是现代院作为国家高端智库的一份责任。

国家安全离我们很远，诸如所谓“三海”（台海、南海、东海）问题，“三边”（边疆、边界、周边）问题，中美关系问题，政治安全、国土安全、军事安全、经济安全、金融安全、文化安全、社会安全、科技安全、网络安全、生态安全、资源安全、核安全、海外利益安全、深海安全、极地安全、太空安全、生物安全、人工智能安全等等问题，看似是“居庙堂之高”的党政领导干部关心关注的话题；国家安全又离我们很近，你说身边哪件事情跟国家安全完全没有关系？美国对华贸易战、香港“修例风波”、新冠肺炎疫情肆虐……不仅攸关我们的日常生活，甚至改变我们的人生轨迹。国事家事天下事，从来没有像今天这样紧密缠绕，深刻影响着我们每一个人。

我们生活在一个伟大的时代，比历史上任何时期都更接近民族的伟大复兴；我们生活在一个剧变的时代，世界正经历百年未有之大变局；我们生活在一个跨越的时代，中国从大国走向强国，从高速度发展走向高质量发展，从全面建成小康社会走向全面建设社会主义现代化国家……凡此意味着，我们面临的国家安全形势更加复杂，我们维护国家安全的任务更加艰巨。

改革开放 40 多年，我们坚持以经济建设为中心，坚持发展是第一要务，强调发展是硬道理，实现了初步崛起，取得了举世瞩目、史所罕见的历史性成就，中国人民为之自豪！世界人民为之钦羡！党的十八大以来，中国的发展进入新时代；今天，中华民族伟大复兴从“第一个百年”征程转向“第二个百年”目标。

毫无疑问，作为世界上最大的发展中国家，发展依然是中国的中心任务。但中美博弈加剧、香港“修例风波”、新冠肺炎疫情肆虐、金融风险升高、网络安全隐忧，几乎同时从不同领域不同方面向我们发出了警告：缺乏安全的发展有可能使我们遭遇“半渡而击”的不测，有可能使我们积累的财富一夜归零，也有可能使我们无穷接近的民族复兴无法抵达胜利的彼岸。

因此，在坚持发展的同时，国家安全问题非常紧迫地摆在中国人面前。如果说过去 40 多年我们较好处理了“改革、发展、稳定”的关系，那么未来 30 年我们则必须处理好“开放、发展、安全”的关系。站起来阶段，我们更强调安全；富起来阶段，我们更重视发展；强起来阶段，我们则必须兼顾发展和安全。如何统筹发展和安全两件大事？如何在更高水平开放条件下动态维护国家安全？什么是中国特色的国家安全道路？成为时代留给当下中国人的一道必答题。

二

对于这道必答题，以习近平同志为核心的党中央给出了答案。随着时间推移，答案愈清晰、科学、精准。

2013 年 11 月，党的十八届三中全会决定成立国家安全委员会。习近平总书记指出：

> 国家安全和社会稳定是改革发展的前提。只有国家安全和社会稳定，改革发展才能不断推进……设立国家

安全委员会，加强对国家安全工作的集中统一领导，已是当务之急。

2014年4月15日，在中央国家安全委员会第一次会议上，习近平总书记创造性地提出总体国家安全观，指出：

当前我国国家安全内涵和外延比历史上任何时候都要丰富，时空领域比历史上任何时候都要宽广，内外因素比历史上任何时候都要复杂，必须坚持总体国家安全观，以人民安全为宗旨，以政治安全为根本，以经济安全为基础，以军事、文化、社会安全为保障，以促进国际安全为依托，走出一条中国特色国家安全道路。

4月15日自此成为中国的全民国家安全教育日。

2014年11月28日，习近平总书记在中央外事工作会议上指出：要“统筹国内国际两个大局，统筹发展安全两件大事”。

2015年12月16日，习近平总书记在第二届互联网大会开幕式主旨演讲中指出：

> 安全和发展是一体之两翼、驱动之双轮。安全是发展的保障，发展是安全的目的。

2016年1月18日，在省部级主要领导干部学习贯彻党的十八届五中全会精神专题研讨班上，习近平总书记指出：

> 推动创新发展、协调发展、绿色发展、开放发展、共享发展，前提都是国家安全、社会稳定。没有安全和稳定，一切都无从谈起。

2017年10月18日，在党的十九大报告中，坚持总体国家安全观被纳入新时代坚持和发展中国特色社会主义思想的基本方略，并被写入党章。

2020年7月30日，在中央政治局会议上，习近平总书记首次提出“更为安全的发展”，指出要“实现更高质量、更有效率、更加公平、更可持续、更为安全的发展”。

2020年10月29日，党的十九届五中全会在《中共中央关于制定国民经济和社会发展第十四个五年规划和二〇三五年远景目标的建议》中，设专章论述“统筹发展和安全，建设更高水平的平安中国”，对坚持总体国家安全观尤其是统筹发展和安全浓墨重彩，将安全提升到和发展并重的位置，并将其作为“十四五”时期中国经济社会发展的指导思想，这在中国发展史上具有里程碑意义。

2020年12月11日，中共中央政治局专门就切实做好国家安全工作这一主题进行第二十六次集体学习，习近平总书记就贯彻总体国家安全观提出10点要求，也即“十个坚持”，标志着总体国家安全观的思想体系和理论体系已然成型，堪称习近平新时代中国特色社会主义思想的“国家安全篇”。

总体国家安全观从最初提出到不断完善，统筹发展和安全从被重视到成为中国经济社会发展的指导思想，安全发展理念被要求贯穿到中国发展各领域和全过程，“十个坚持”系统集成，自成体系……凡此意味着，中国特色的国家安全思想和中国特色的国家安全道路逐步形成，而总体国家安全观就是集中体现。这也就意味着，总体国家安全观不只是国家安全职能部门的工作指引，而应成为从事各项工作的党政干部的世界观和方法论，成为从大国走向强国的中国人民的必修课。

三

我们这套丛书，正是循着上述思路，试图站在中华民族伟大复兴战略全局和世界百年未有之大变局这“两个大局”，以及新发展格局和大安全格局这“两个格局”的高度，立足“两个一百年”历史交汇期的特殊时间节点，从历史的长河、地理的视域、文化的纵深、大国兴衰的规律和百年变局的沉思等不同角度和维度，全景式、大视野认识国家安全。新冠肺炎疫情的突发和泛滥，促使我们对国家安全又多了一份从生物安全角度的思考，凡此汇编成六册，作为“总体国家安全观系列丛书”的第一辑，奉献给读者。

时间紧，任务重，责任大。丛书编者们大多是从事国际战略、区域国别和国家安全问题研究的学者，不乏知名专家，但从学习领会总体国家安全观入手，从历史、地理、文化诸角度看国家安全，却是一种全新的尝试和初步的探索。加之从一开始我们就商定，这套丛书必须通俗易懂、喜闻乐见，既要有国家安全主题的严肃性、政论性，又要兼顾可读性、知识性，总之让读者愿意看，且看后有收获，对编者们确实提出了挑战。

不论怎样，大家暂时放下手边的工作，全身心投入这项全新的事业，虽不时有“书到用时方恨少”之叹和“独上高楼，望尽天涯路”的茫然，但其中的责任感、使命感是真实且真诚的。

至于六册书的具体内容，各分册主编在书的前言都做了概述或导读，不乏精彩呈现。比如，谈历史与国家安全，从秦朝二世而亡，到“无事袖手谈心性，临危一死报君王”的明朝灭亡启示录，涉及中国历史的多个片段，从国家安全视角看历史，给人不一样的启发。谈地理与国家安全，突出“一方水土养一方人”，从俄罗斯的广袤到新加坡的狭小，从北极变迁到气候变化，从地理环境决定论到人定胜天，从地缘战略到首都安全，天南地北，无所不包。谈文化与国家安全，既有印度的种姓制度，也有日本的圈子文化，有阿拉伯人的困惑，有犹太人的韧性，由此解析国家安全的文化密码。至于大国兴衰与国家安全，百年变局与国家安全，可谓跌宕起伏，云谲波诡……在此不一一介绍了。借用一句广告词：更多精彩内容，敬请读者鉴赏。

编写本套丛书是一次初步的尝试，加之知识储备的限度，其中错舛自然难免，我们会不断修正、完善、改进，为我们接续编写丛书的第二辑积累经验。

是为序。

中国现代国际关系研究院院长　袁鹏

前　言

习近平总书记指出:“当前中国处于近代以来最好的发展时期，世界处于百年未有之大变局，两者同步交织、相互激荡。”

改革开放40余年来，中国与世界愈发紧密交融，外部世界的形势变化对中国国家安全影响深刻，百年变局则是当前国际格局与战略形势的最显著特点，其与中国国家安全有紧密和全方位的联系。本世纪初以来，往日强盛的美西方接连遭遇恐怖主义、金融危机、难民危机及右翼民粹势力崛起等多轮挑战，内部治理问题凸显，难以主导既有国际秩序。而以中国为代表的非西方国家抓住时代机遇，励精图治、谋变谋新，自身实力与话语权不断增强，实现群体性崛起。以“东升西降”“南升北降”为主要特点的“百年变局”加速展开，这是中国国家安全的突出时代背景。

在急剧变化的历史大潮中，中国国家安全面临的挑战与机遇并存。产业技术进步日新月异，为保障国家安全带来更多手段方式，有助于提升中国国家安全能力，但也为国家安全维护造就更多新领域、新挑战。国际权力格局加速调整，非西方国家群体性崛起有利于中国对外战略运筹和外部安全环境塑造，但先发国家强化向外转嫁危机、挤压中国发展空间则导致更多国家安全风险。不同文明范式激烈竞逐，“中国模式”得到更多国际认同，为中国筑牢国家安全夯实互信基础，但某些国家对“中国模式”不断升高的偏见、竞争，亦令国家安全维护面临更大战略压力。总之，身处“两个一百年”目标交汇的关键历史方位，“百年变局”对中国国家安全意义非凡，二者相互影响、碰撞交会，这不仅给 21 世纪前半叶的中国带来深远影响，也将注定改变世界的整体面貌。

本书旨在分析世界“百年变局”内涵机理的基础上，探究如何认识这一变局对中国国家安全环境的影响，并思考如何更好地维护中国国家安全。

第一章“百年变局的历史性展开”，以大历史视野梳理“百年变局”的战略演进与时代特征，挖掘“百年变局”的深刻内涵。第二章“世界经济巨变与国家安全”，分析世界大变局与全球经济革命性变迁的内在联系，阐述新一轮全球经济变局所带来的国家安全问题。第三章“国际格局变迁与大国博弈”，主要论述国际力量对比的沉浮起落、非国家行为体兴起带来的安全冲击以及国际机制与全球治理的发展沿革。第四章“制度探索永远在路上”，阐述西方制度霸权的历史兴起与时代迷茫，同时展现非西方国家对发展之路的艰难探索，指出“只有不断创新做到与时俱进，才能实现国家长盛不衰”。第五章“社会矛盾的普遍升级”，剖析美西方近年来凸显的“99% 对 1%”阶层矛盾、“我们”与“他们”的身份认同危机以及衍生出的社会极端暴恐问题，指出全球治理和国内治理的统筹存在“两难困境”。第六章“大变革时代的思潮之乱”，指出思潮对历史变革的引领作用，重点分析左与右、分与合两种基本思潮在不同历史时期的表现与影响，论述后发国家探索现代化进程中面临的转型迷思。第七章“百年变局与中国国家安全”，分析百年变局与中国国家安全的基本联系、当前中国维护国家安全存在的主要优势和面临的主要挑战。第八章“深入贯彻落实总体国家安全观”，指出面对复杂多变的安全环境，坚持总体国家安全观、走中国特色国家安全道路是实现中华民族伟大复兴的必由之路。

备豫不虞，为国常道。2020年初以来，新冠肺炎疫情席卷全球，国际格局调整、重组步伐更快，中国外部安全环境的变化更多、挑战更甚。面对世界大变局风云激荡，维护国家安全更将成为助力中国发展，劈波斩浪、护航中华民族伟大复兴的“定海神针”。衷心希望本书能帮助读者更好认识“百年变局”与中国方位，为维护中国的国家安全提供更多启益。

中国现代国际关系研究院
《百年变局与国家安全》课题组

目　录

1

第一章

百年变局的历史性展开

“山中方七日，世上已千年。”

从 2001 年“9·11”恐怖袭击到 2008 年“9·15”金融海啸，再到特朗普上台、英国“脱欧”，当我们感慨于这个每天都有大新闻的时代，频繁地“见证历史”时，突然发现这个世界已经变了，一只只“黑天鹅”满天飞，一只只“灰犀牛”满地跑，各种颠覆我们认知的事件层出不穷。如何描述当前的这个世界？西方学界提出“后后冷战时代”“无极世界”“零和世界”“后疫情时代”“新两极时代”等一系列概念，林林总总，五花八门，但都不足以概括眼前的巨变。“不识庐山真面目，只缘身在此山中。”究其根本，是其思维惯性跟不上时代变化，继续戴着“西方中心主义”眼镜看世界，已经看不懂了，继续沿着西方概念的框架去解释这种变化，已经解释不通了。

“欲穷千里目，更上一层楼。”

以中国为代表的新兴经济体群体性崛起既是这种变化的根源，也是引导国际政治经济新秩序走向的主动力。随着中国日趋走近世界舞台的中央，中国如何看时代、看世界不仅关乎中国的发展，也关乎世界秩序的未来。早在 2015 年，习近平总书记便指出，当今世界正处于“前所未有之大变局”；2017 年在中央经济工作会议上更加明确提出，“当今世界正面临百年未有之大变局”；2018 年 6 月在中央外事工作会议上进一步指出：“当前，我国处于近代以来最好的发展时期，世界处于百年未有之大变局，两者同步交织、相互激荡。”“不畏浮云遮望眼，只缘身在最高层。”百年未有之大变局这一概念内涵丰富、特色鲜明，它是中国对世界大势最经典、最深刻、最简明的阐述，是中国对时代特点、世界巨变的一种高度凝练式总结，是我们以正确的历史观、大局观和角色观认识中国的出发点，也是我们理解当前世界之变的最佳切入点。正是由于我们相对于其他主要大国更早、更好地把握住了百年变局的历史大趋势，准确识变、科学应变、主动求变，我们才得以在风云激荡的国际环境中更好地把握和塑造战略机遇，更好地统筹发展和安全，为国家高质量发展营造了更加有利的国际安全环境。

何谓世界百年未有之大变局

“当今世界正面临百年未有之大变局。”这句话中的世界并不只是指传统的国际关系，而是视野更为宏大、内涵更为丰富的人类社会。而理解此处的“大”，也需要我们跳出国际政治的视角，放眼全世界，从生产力到生产关系，从经济基础到上层建筑，去发现这种全方位、多领域的大发展、大调整、大转折。这句话中的两个核心词分别是“百年”和“变局”。

“百年”何解？是实数还是虚数？是100年还是数百年？国内对此解读不尽一致。由于“百年”暗合中华民族的“百年屈辱”，不少人认为“百年”就是指100年。一种说法是1919—2019年，从“巴黎和会”“五四运动”到建国70周年盛典，中国不仅屹立于世界的东方，而且已经成为了国际舞台的焦点，那个饱受列强欺凌、积贫积弱的中国已经一去不返了。更多人将百年变局的起点设定为1921年，将中国共产党的成立作为这场变局的历史起点，正因为有了中国共产党的领导，中国才一步步从积贫积弱的旧中国，走向独立自强的新中国，从站起来到富起来再到强起来，不断迈向中华民族伟大复兴的彼岸。由于中华民族的伟大复兴是这场世界百年变局的主要动力，所以用“100 年”沧桑巨变的视角有其道理。然而，不少戴着有色眼镜看中国的西方媒体和学者也从 100 年的视角去看百年变局的概念，英国《经济学人》曾刊登一系列封面文章和报告分析中国崛起，在西方国家看来，“中华民族的伟大复兴，就是为了洗刷百年国耻”，并借用中国历史上吴越争霸的故事，渲染中国这么多年“韬光养晦”“卧薪尝胆”的目的就是为了发展壮大之后向西方“复仇”；在刻意炒作“中国威胁论”的同时，其隐含的西方对华殖民侵略这段历史“原罪”的担忧和焦虑不言而喻，也从一个侧面揭示了西方不愿接受中国复兴的根源。虽然以 100 年历史时段界定百年变局符合很多人的思维逻辑，但是需要指出的是，中国领导人在使用这一概念时说的是世界百年未有之大变局，百年之前有“世界”二字，显然不仅仅在说中国；另外，如果是指“五四运动”或中国共产党成立以来的 100 年，那说明百年变局到 2019 年或 2021 年就结束了，这显然也不符合实际。

不少中国学者从马克思主义的视角出发，从资本主义与社会主义两种制度的历史演进逻辑去审视百年变局，指出：科学社会主义在中国的成功，对马克思主义、科学社会主义的意义，对世界社会主义的意义，是十分重大的。苏东剧变后，“社会主义失败论”“历史终结论”一度甚嚣尘上，中国顶住巨大压力和挑战，成功坚持和发展了马克思主义，取得举世瞩目的发展成就，中国特色社会主义进入新时代，以不可辩驳的事实彰显了科学社会主义的鲜活生命力，中国特色社会主义道路越走越宽广，使世界范围内两种意识形态、两种社会制度的较量，发生了有利于马克思主义、社会主义的深刻转变。中国特色社会主义进入新时代，对世界社会主义发展具有深远历史意义，可称之为500年未有之大变局。

美国著名战略家基辛格先生在其《世界秩序》一书中将当前的世界称为“400年未有之大变局”。他认为自1648年威斯特伐利亚体系确立以来，世界秩序一直是以西方为中心的，但随着世界政治经济重心逐渐东移，新兴经济体群体性崛起，传统上由西方主导的国际秩序正在发生深刻转变，旧的秩序濒临坍塌，新的秩序将建未建，继威斯特伐利亚体系、凡尔赛—华盛顿体系、雅尔塔体系之后，世界正在经历第四次历史巨变，不同大国对世界秩序的理解及其秩序观念截然不同，中国智慧、中国理念正在引领和重塑着当今的世界。

也有不少学者从美国历史的视角出发，将这场百年变局解读为200多年未有之大变局。美国哈佛大学历史学教授格雷厄姆·艾利森在其《注定一战：中美能避免修昔底德陷阱吗？》一书中便遵循着这一逻辑：从1776年立国至今，美国由弱到强，逐渐成为世界唯一超级大国，并先后击败了多个崛起国的挑战。但中国崛起给美国带来的挑战是前所未有的，因为中国拥有和美

国相似的实力，综合了过去美国所有挑战者的优点，是一个“全能型”选手，但同时又有着与美国截然不同的制度、价值观、宗教文化和文明形态，是一个非西方的“文明型”大国。美国在以往应对大国崛起的经验中很难找到这样的对手，美国霸权正面临全方位的冲击，这是美国立国200多年以来从未遇到过的新情况，如果想要跳出“修昔底德陷阱”，中美两国必须携手改变历史的弧线。

还有学者从工业革命的视角出发，认为拥有10亿人口量级的中国全面进入工业化时代，正从根本上改变着现代化的历史进程。同时，中国还有望引领第四次工业革命，重塑数字时代世界政治经济格局的关键格局，将其称之为“300年未有之大变局”。虽然算法不同，但不同的数字都在描述同一个事实，即中国崛起对世界历史的影响。

综合上述各类观点，从更宏观的角度出发，百年变局对世界的影响集中体现在5个维度的“前所未有”：

从国际格局看，新兴大国群体性崛起的速度之快和规模之大、西方世界整体性低迷的形势前所未有，那种靠一个国家说了算或几个大国主宰国际事务的局面难以为继；从国际秩序看，400年来西方主导国际秩序的时代面临深刻挑战、通过非战争手段建立国际新秩序的可能性空前增大前所未有；从产业革命看，新一轮科技革命和产业革命带来的新陈代谢和激烈竞争、推动的生产关系革命性重组前所未有；从全球治理看，全球性问题成为全球共同关注、全球治理体系与国际形势巨变的不适应、不对称前所未有；从社会制度看，社会主义和资本主义两种政治和社会制度的历史性较量开始出现有利于社会主义的变化前所未有。

本轮变局之所以言其大，在于经济全球化、政治多极化、社会信息化、文化多样化、威胁多元化同频共振，相互传导；在于国内国际两个大局、发展安全两件大事紧密相连，互为因果；在于第三次科技革命仍在继续，第四次科技革命却又先期到来；在于网络时代、数字时代、社交媒体时代带来的全新冲击与惯性思维、既定模式、传统管理滞后性之间的全新矛盾；在于既有国际体系行将坍塌，而新的世界秩序仍未搭建，由此给全球带来的不确定感、焦虑感和惶恐感；在于中国已经逐渐走近国际政治舞台的中央和世界经济舞台的前沿，而我们的国家治理体系和治理能力还不能适应这一历史性变化，亟须进一步加强。

百年变局的本质与动力

过去数百年，国际秩序之变往往由一场大战催生，如欧洲“三十年战争”后的威斯特伐利亚体系，一战后的凡尔赛—华盛顿体系，二战后的雅尔塔体系。但当前的这场变局却是以“温水煮青蛙”方式发生的，在量变和质变之间甚至看不出明显界限——以当前的国际秩序为例，其基本轮廓即主要奠基于二战之后。但历经70余年，从1991年冷战结束，再经2001年“9·11”事件、2008年金融危机、2016年特朗普胜选等多轮冲击，既有秩序已风雨飘摇，虽然四梁八柱尚在，但联合国作用有限，世贸组织（WTO）功能渐失，国际货币基金组织（IMF）和世界银行资金捉襟见肘，世界卫生组织（WHO）权威性不足，全球军控体系接近崩溃，国际准则屡被践踏，美国领导能力和意愿同步下降，大国合作动力机制紊乱，国际秩序已处坍塌边缘，置身其中，我们很难感知这种巨变，只有将其放在历史的长河中去审视，才能感受到它的冲击。

当下，既有“一超多强”格局已然生变，虽“西强东弱”的现实仍在，但“东升西降”的大势难以逆转，代表着国际政治经济格局的未来。国际格局最突出的变化，是中美实力快速拉近，但中国实力与美国仍有差距，无法与其并称“两极”，中美同他国差距日益拉大，被普遍视为“两超”。一方面，中美实力迅速拉近，中国的GDP规模从占美国的1/8到2/3，用了不到30年时间，按购买力平价算，IMF和世行均认为中国已经超过美国。其他如科技、军事、制造、贸易等指数也都呈快速追赶拉近之势。但另一方面，“拉近”不等于“接近”，中国崛起不必然意味着美国衰落。中国GDP份额占全球总量从1980年的2%跃升至

2019 年的 16%，而同期美国则一直保持大约 25% 份额未变。其金融、科技、军事实力依然强劲，股市、汇市依然强势，打压对手的能力和手段依然强硬。过去 40 年经济份额发生下滑的不是美国，而是欧洲（从 35% 到 21%）、俄罗斯（从 3% 到 2%）、日本（从 10% 到 6%），其他多强面对中国崛起的心态也比较复杂，这一客观现实让多极化的发展更加曲折。

经济基础决定上层建筑，当下变局与世界经济发展的不平衡息息相关，美国正成为世界不稳定和不确定性增大的最大“乱源”。冷战后，得益于全球化、信息化带来的互联互通和总体和平稳定的国际环境，世界经济曾经一派繁荣，中国也实现快速崛起。但 2008 年金融危机暴露出美欧经济的深层问题，揭示出全球化发展的不平衡性。美国摆脱危机的药方不是刮骨疗伤式结构改革，而是饮鸩止渴、转嫁矛盾，使“痼疾”未除，新病再发。奥巴马、特朗普等非传统政治人物粉墨登场，正是美国经济与政治关系错位引发社会极化的结果。欧洲债务危机未果，又遭遇乌克兰危机、难民危机、英国“脱欧”危机，祸不单行，经济形势始终没见起色。为“让美国再次伟大”，特朗普抛弃多边主义、国际主义、自由贸易，借助民粹主义，大行单边主义、保护主义，挑起中美贸易战，致全球化逆转，自由贸易遇阻。美国经济、股市靠霸凌和强权逆势上扬，但根基不牢，难以持久。世界经济则陷入整体性低迷，欧洲经济低位徘徊，俄罗斯经济不见起色，连一度被普遍看好的印度经济也骤然减速失速，中国经济开始进入“新常态”，特朗普一系列倒行逆施的做法又加速了世界变局的演进。

一切事物的发展演变都是由矛盾推动的，百年变局是由“东西、南北、上下、左右”四大矛盾催生的，变局下的世界也将长期受这四大矛盾的困扰。

首先，东西矛盾凸显两大制度之争。多重危机导致西方“自由资本主义”神话破灭，中国理论、道路、制度、文化的全球感召力增强。世界范围内两种意识形态、两种社会制度的较量，发生了有利于马克思主义、社会主义的深刻转变。“历史终结论”终结了，“中国崩溃论”崩溃了。美西方不甘失败，对华发起新一轮意识形态攻势，加大对华“政治战”和“颜色革命”力度，对华“新冷战”若隐若现，基于意识形态分野的东西“大对抗”山雨欲来。

其次，南北矛盾映射发展权利博弈。工业革命以来，北方国家占据产业链顶端，其优厚生活是依靠对南方国家的剥削获得的。随着南方国家群体性崛起，要求改变不公平体系的呼声愈发高涨，双方在规则和资源上的争夺日趋激烈，北方国家不惜通过颠覆现有规则体系、重组产业链、科技“脱钩”压制南方国家发展。南方国家能否利用新一轮科技革命“突围”“破局”，成为国际经济格局转型的关键。世界经济合作阻力增大，以经济战、科技战为特征的“大脱钩”压力日增。

再次，上下矛盾体现阶级分化对立。分配制度缺陷和贫富分化问题一直是资本主义制度的痼疾，借助全球化浪潮，美国在世界兜售“新自由主义”改革，对资本“去监管”，造成世界经济高度“金融化”，资本增值速度远超劳动收入。穷者愈穷的马太效应累积，1% 与 99% 之间不平等加剧，“上”与“下”的阶层愈发固化，“下”至“上”的通道愈发阻塞，导致全球范围内各国阶级矛盾普遍加剧，“占领华尔街”“阿拉伯之春”“黄马甲运动”“黑人的命也是命”等社会骚乱此起彼伏，民粹主义大行其道，民众愤怒不断积聚，各国社会“大动荡”愈演愈烈。

最后，左右矛盾折射发展方向困惑。当今世界，各国内部利益板块重组、诉求日益多元、传统政治共识瓦解、社会思潮日趋混乱。选择市场还是政府、效率还是公平、独享还是互利、融合还是分离等系列问题成为不同利益群体争论焦点。关乎国家发展道路的指导思想出现混乱和真空，推动民粹主义思潮和运动向左右两个极端挺进，“左”和“右”的交锋趋于白热化。全球各国对新的经济发展模式、国家治理模式、全球治理模式充满了期待与渴求。全球范围内，一场关于国家治理模式的“大争论”渐次展开。

变局下，中美关系已然生变，中美战略博弈成为决定世界百年变局走向的核心动力。特朗普执政时期，美国对华接触让位于遏制打压，两国的战略竞争盖过战略合作，经贸摩擦、地缘博弈、涉台港疆藏斗争、意识形态对立成为常态，“新冷战”之声不绝于耳，“脱钩”之势加速演进。美国对华战略也发生根本性转变，即美国已经十分明确地将中国定位为主要战略对手，并动用“全政府”力量和手段对华遏制。这种战略转变源于美国战略界面对中国崛起时心态的转变，更深层原因在于对中国崛起的“四个担心”：担心一个 14 亿人口大国的崛起以及全面脱贫之后更大规模的消费群体的崛起，对美国和西方带来资源能源等经济上的挑战；担心一个世界仅存的同时对自身制度高度自信的社会主义大国的崛起，对美国和西方带来社会制度、意识形态、发展模式等政治上的挑战；担心一个尚未完全解决主权和领土问题，同时军事现代化迅速发展、维权意志更加坚定的大国的崛起，对美国带来军事安全上的挑战；担心一个道义感召力和国际影响力日益提升、“一带一路”建设行稳致远的大国的崛起，给美国和西方带来国际战略上的挑战。

从上述“四个担心”不难看出：中美战略博弈既有一定偶然性，更是中国崛起进入新阶段的必然趋势。这意味着，对美斗争已成为中国实现“两个一百年”奋斗目标必须迈过的一道坎，成为“具有许多新的历史特点的伟大斗争”的重要组成部分。但中美对抗不会演变成冷战式的两极对立或阵营对垒。一则因为中美利益交融格局深厚，彼此都无法承受长期对立的代价；二则因为美国同盟体系和西方世界已今非昔比，欧美对华政策不尽同步，西方裂痕因疫情继续扩大，中欧关系处于历史最好时期；三则因为中俄关系总体坚固，美拉俄打中的愿望难以成真；四则因为日、印总体上仍希望左右逢源，两头得利。从这个意义上讲，中美不会走向“新冷战”，也难以成为“两极”。

在中美博弈的带动下，大国之间的地缘政治竞争开始变得愈演愈烈。自现代国际体系建立和全球化铺展以来，全球地缘战略中心在欧亚大陆、大西洋、太平洋地带轮转。二战结束以致冷战终结后一个时期，大西洋地区占据中心位置，美欧携经济、军事、政治优势，高呼“历史终结”，大举“北约东扩”，呼风唤雨，主导国际秩序。但自 21 世纪始，尤其是伊拉克战争之后，美欧关系日显疏离，“大西洋越变越宽”，中国崛起则拉开了世界权势东移的序幕，由此带动东北亚复兴、东南亚振兴、印度崛起，亚太成为世界经济最活跃的地区。而朝鲜半岛、东海、南海、台海地区安全形势起伏不定，则使亚太地区同时成为全球潜在军事冲突的高危区。从奥巴马的“亚太再平衡”到特朗普的“印太战略”，战略重心东移成为美国两党的共识和基本国策。受此驱动，俄罗斯“南下”，印度“东向”，澳大利亚“北上”，日本“西进”，连欧洲也远道而来，宽阔的太平洋不仅骤然变得拥挤，而且从此更不太平，亚太地区的地缘政治和地缘经济分量远非其他地区可比，已经成为全球政治经济博弈的中心地带和大国竞争的主要舞台。

特朗普掀起的反全球化逆流加剧了贸易保护主义的回潮和大国之间的地缘经济竞争。地理大发现拉开了从区域化到全球化的序幕，工业革命和科技革命则加速了全球化的进程，资产阶级革命以资本和市场的力量摧枯拉朽、打破国界，使全球连成利益攸关的经济体。冷战结束后，信息化时代的来临则真正使全球实现互联互通、人员大流动、经贸大联通，“地球村”概念应运而生。但随着全球化的纵深发展，一系列新问题、新矛盾、新挑战相伴而生也是不争的事实，这是全球化的另一方面。“特朗普现象”的出现，正是美国过去近 20 年未能展开因应全球化和多极化的国家战略转型的结果。而特朗普执政后所采取的措施，不是顺应全球化的方向进行内外战略调整，而是以逆全球化的思维做反全球化的动作，诸如贸易保护主义、“中美脱钩论”、“产业回流论”等。其结果，不仅未能根本改变美国的深层结构性问题，反而导致新的国际紧张。

“西方之乱”和“中国之治”的鲜明对比刺激了西方的敏感神经，加剧了大国之间的制度模式竞争。冷战结束后国际政治的一个最突出变化，是中国的崛起及其背后所体现的中国特色社会主义制度的日益成熟和自信；相应的，是西方的式微及资本主义制度的弊端丛生及其主导的自由主义国际制度的破损。“中国之治”与“西方之乱”的鲜明对比让中西制度影响力的温差开始凸显，冷战时期美苏之间的意识形态和两种制度之争嬗变为当前中美发展道路和发展模式的较量。美国对华战略的根本性转变，不止为因应中国崛起带来的权力转移，更意在遏制中国发展模式对西式自由民主的巨大冲击。蓬佩奥、纳瓦罗、班农等美国反华人士念兹在兹、耿耿于怀的，也正是中国制度对美国制度的深刻挑战。也正是基于此，美国将 5G、孔子学院、留学生、自贸区等问题都打上了鲜明的“意识形态”烙印，对中国发展实施全方位遏制，以价值观划线施压西方国家“选边站”。无论愿意与否，主动或被动，中美大国竞争已经外溢到其他国家、多个领域，大国竞争时代已然到来。

新冠肺炎疫情加速百年变局

百年不遇的新冠肺炎疫情突如其来，成为世界百年变局的加速器和催化剂，其影响的深度、广度和烈度空前。放眼疫情下的世界各国，可谓“哀鸿一片”——锁国闭关、经济停摆、股市跌宕、油价惨跌、交流中断、恶言相向、谣言满天，其冲击力和影响力不啻一场世界大战。

疫情突发使世界经济雪上加霜，全球经济大幅衰退，距离大萧条仅有一步之遥。“世界工厂”中国，最具经济活力的东亚，全球金融、科技、航空、娱乐中心美欧，均遭重创，亚非拉各大板块莫不伤筋动骨。世界经济衰退远超 2008 年金融危机，已是国际共识。疫情期间大国合作被竞争对抗所取代，促进经济发展最宝贵的信心大受冲击，全球供应链、产业链、需求链重新整合遥遥无期，全球化进程能否继续推进面临严峻挑战。

新冠肺炎疫情突发及蔓延，凸显了非传统安全在全球安全中的重要性，同时也在以特别的方式警醒世人：在大自然面前，人类是渺小的；在共同的威胁面前，没有哪个国家能够独善其身，同处于地球村中，人类是命运休戚与共的共同体。疫情本应倒逼人们重新思考非传统安全的重要性，重新思考全球治理的重要性，但结果却背道而驰。

面对疫情，中国以总体国家安全观为指导，集中领导、统一指挥、协调行动、央地一体、相互帮扶、以人为本、科学管控，迅速控制住疫情，率先复工复产，取得了疫情防控的重大战略成果，进一步彰显了中国特色社会主义制度的强大优势。疫情使拥有全产业链优势的中国成为全球抗击疫情的“战时兵工厂”，无论是疫苗研发，还是一批批口罩和呼吸机加速生产并对全球投放，无不彰显了中国的工业基础优势，稳定的生产和抗疫成绩让其他国家看到“中国制造”的重要性和稳定性。疫情也展示了进入数字时代的中国所具备的强大科技力量，包括大数据、健康码、快递、疫情查询系统、追踪数据链、电子支付系统、网格化

管理等，无不让西方再次对中国科技的领先优势感到震撼。

新冠肺炎疫情也把美国的混乱与衰落进一步暴露于世人面前。特朗普治下的美国在疫情期间不仅未担起应有的全球治理责任，反而自私自保，又因政策失误成为全球疫情重灾区，感染和死亡人数居全球之冠，其惨象超过“9·11”事件，死亡人数超过越南战争、伊拉克战争、阿富汗战争等5场战争之和，软硬实力同时受挫，国际影响力大幅下滑。面对新冠肺炎疫情，美国不是以疫情的全球泛滥为镜鉴进而强化领导责任加大全球治理，反而将其视为全球化之错加速反全球化政策的推进；美国不是寻求国际合作解决医用物资短缺等问题，而是狭隘地认定相关产业“在地化”“区域化”才是正途，大力推动产业回流；不是痛定思痛加强国际组织的能力，反而落井下石从世界卫生组织撤资，诋毁世界贸易组织的功效和贡献，令全球治理陷入空前困境。在双边层面，新冠肺炎疫情本应成为中美关系的缓冲器、减压阀或黏合剂，但阴差阳错，反倒成为加剧中美博弈的变压器、加速器或催化剂。为赢得连任，特朗普政府急于对华“甩锅”，转嫁矛盾，极端势力迫不及待上下其手，抹黑打压中国。疫情、选情叠加下，在中美关系不断恶化的同时，美国经济衰退、种族骚乱、社会动荡的恶性循环也在不断加速。特朗普打“反华牌”等一系列倒行逆施的做法没有起到效果，黯然败选；而高举科学抗疫旗帜的拜登最终入主白宫。然而，此次选举带来的美国政治社会全方位撕裂对立，将在未来四年持续地影响美国的战略与政策议程。

面对突如其来的疫情，通过卓有成效的抗疫举措，中日韩从全球最先受疫情冲击的地区，变成全球抗击疫情的标杆地区，凸显出东亚文化、价值观、集体主义精神、社会治理模式的独特性和比较优势，使大变局下亚洲文明复兴的色彩更趋强烈，随着中国加入《区域全面经济伙伴关系协定》RCEP，东亚经济一体化进程又迈出关键一步，“西方不亮东方亮”的景象更加凸显。而自诩为进入“后现代”的欧洲，在此次抗击疫情中暴露出明显的短板缺陷，“西方的缺失”成为欧洲各国共同面临的问题。俄罗斯经济、社会也遭受巨大冲击，印度崛起势头受挫，大国格局面临新一轮分化重组。疫后各大国将忙于收拾残局、重定规划，既期待国际合作，又踯躅犹豫，观望等待，心态复杂。中东疫情、恐情、油情叠加，前景更加暗淡，可能陷入“黑暗时代”；拉美既未把握百年变局加速改革发展，也未抓住时间窗口有效应对疫情危机，政治、经济、社会均呈现乱象，从20世纪末的“中等收入陷阱”滑向“发展方向迷思”；非洲长期依赖全球贸易和投资，加之公共卫生条件最差，一旦疫情出现暴发式增长，可能陷入人道主义灾难。“金砖”褪色，更难抱团。印度、巴西在美中俄欧间周旋，骑墙姿态明显。美国自毁形象，世界不指望其继续领导；中国大而未强，一时无法也无意替代美国；俄、欧、印等力量都不具备引领全球事务的能力或意愿。国际格局在未来三五年内将呈现“无极”“战国”“过渡”乱象，大国合作难度明显加大，中小国家被迫抱团取暖，在各自区域自谋出路趋势有所加强。经此一疫，世界百年未有之大变局更加凸显和定型，正如基辛格所言：疫情之下，世界秩序已彻底改变，再难回到过去了……

新冠肺炎疫情没有改变世界处于百年未有之大变局的总体态势，只是让大变局来得更快更猛；没有改变中国与世界关系的基本面貌，只是将其搅动得更加复杂多面；没有改变中国长期处于战略机遇期的基本现实，只要应对得当，危机在给我们带来挑战的同时，也会为我们带来新的机遇。此次新冠肺炎疫情暴露出的生物安全问题表明，发展需要以安全为保障，否则中华民族伟大复兴很可能面临半渡而击的风险，经济发展成就也可能一夜归零。2021 年是建党百年，中国正由站起来、富起来全面迈向强起来的历史阶段，回望党带领我们走过的来时路，在站起来阶段，我们更重视安全；在富起来阶段，我们更重视发展；而在强起来阶段，我们需要统筹安全和发展。当前，站在新发展阶段和新一轮改革开放的历史起点上，我们需要胸怀两个大局，更加重视安全发展，需要更好地理解百年变局，更好地维护和塑造国家安全。

2

第二章

世界经济巨变与国家安全

第二章

当前的全球经济正迎来百年巨变：新兴经济大国群体性崛起，“中心—外围”的旧经济格局逐步解构，全球经济重心日益东移，世界经济“再平衡”加速；新一轮技术创新及产业变革深入发展，全球产业分工、经贸、金融、货币等酝酿历史性变革，一个全新时代正在到来，并给各国经济安全带来深远影响。

历史轨迹的探寻

在古代世界，“农业革命”使得人类社会从原始迈向文明，走向农业经济时代，人口、土地等是决定生产力高低的关键因素，自然条件越优越，要素规模越大，经济生产水平越高。在这方面，中国、印度等东方国家拥有西欧无法比拟的优势。

从人口看，据英国著名经济学家安格斯·麦迪逊的研究，公元 1000 年，西欧人口总量约为 2540 万，而亚洲（包括日本）则约为 1.9 亿，仅中国就有 5900 万人。土地方面，中、印等国土地广阔，黄河流域、长江流域、恒河流域沃野千里，水资源和物产丰富，非欧洲各国可比。庞大的人口、广袤的领土、便利的交通，也为更细致的市场分工和大规模市场交易提供了条件，还带来了经济规模效应。因此，在农业时代，东方一直牢牢占据着全球经济的中心地位。公元 1000 年时，西欧的 GDP 规模约为 102 亿“国际元”[1]（低于 1000 年前即公元元年的 111 亿），仅占全球

1 为方便国际比较，麦迪逊等专家将不同国家的货币按照一定加权比例，换算成统一的核算单位“国际元”。

经济的 8.7%；而亚洲则为 821 亿国际元，占全球经济的 70.3%。亚洲发达的农业经济、成熟的文明，也孕育了较西方更为发达的科技和手工业。从当时东西方通过“丝绸之路”开展的商贸活动看，东方输出的丝绸、瓷器及各种手工业品，其附加值明显高于西欧的羊毛、呢绒及少数金属制品，因此一直保持着巨额的贸易盈余。

从 15 世纪末开始，“地理大发现”引发了一场“商业革命”，同时也扭转了全球经济发展走向。西方有限的自然资源、狭小的地理面积和偏于一隅的地理位置，因大航海时代的来临而彻底改观。自此，西方摆脱了自然与地理限制，一跃成为支配世界市场和全球资源的一方，而中国等东方大国却仍受制于原有的地理疆域和生产方式，甚至闭关自守，将自身隔绝于外部世界，社会经济发展陷入僵滞。大航海、大殖民时代，西方开辟了广袤的海外市场与疆域，掠夺了巨量的海外经济资源与财富，大大刺激了西欧的人口增长、城市化提速和经济生产的发展。市场边界的扩大和大航海的刺激，还使欧洲手工业得到大幅升级扩展，并酝酿出很多新产业。更主要的是，海外市场的扩大，激发了西欧的技术与制度创新，为资本主义的萌芽创造了条件。自此，世界的主角从东方转向西方，后者在经济上开始赶超前者。据统计，1500—1820 年间，西方及西方衍生国（指美国、加拿大、澳大利亚和新西兰等国）人均 GDP 的年均复合增长率分别为 15% 和 34%，而亚洲（不含日本）几乎是零增长。[2]

真正从根本上改变西方乃至全球面貌的，是 18 世纪下半叶至 20 世纪的一系列“工业革命”浪潮。始于 18 世纪 70 年代英国的工业革命，标志着资本主义及西方近代文化的最终确立，标志着农业文明正式过渡到工业文明，也标志着近现代社会的来临。珍妮纺纱机、蒸汽机的问世，开启了机器生产代替手工生产的人类第一波工业化潮流，而纺织业机械化又带动煤炭、采矿、冶金、机械制造等工业的发展，以及造船、铁路等交通运输革命，推动经济生产从家庭作坊转向企业工厂、人口由农村走向大城市、社会经济由小农经济转为工业与商品经济，推动人类社会生产与生活的全方位变革，进入以轻工业为主的蒸汽时代。19 世纪 70 年代，新一轮技术与产业革命开始了，包括以电力、石油为标志的能源革命，以钢铁、石化等为标志的材料革命，以铁路、轮船、汽车、飞机、电话电报等为代表的交通通讯革命。由此，早期基本完成工业革命的国家开启了第二波工业化浪潮，涌现出电力、钢铁、石油石化、汽车、飞机、电话电报等一批新的工业部门，从而进入重化工为主的电气化时代。20 世纪 60 年代，电子计算机、互联网、生物基因、太空航天、核技术等技术

2　此处，年均复合增长率是指根据 1820 年的经济产值与 1500 年的经济产值之差，倒推换算出来的年均经济增长率。因为缺乏历史资料，难以获知古代各国历年经济增长的具体数值，因此只能通过推算法获知其年均增长率。

XXVI
XXV

革命，使世界开始了第三波工业化浪潮，涌现出电子、航天、核能、生物制药等新兴产业，推动工业生产进入电子化、信息化时代。美、欧、日等发达国家仍是此轮工业化浪潮的主角，但“亚洲四小龙”、中国、印度等新兴与发展中经济体开始了工业化追赶进程。进入21世纪，大数据、云计算、区块链、人工智能等新一代技术快速发展，第四波工业化浪潮开始起步，推动人类经济生产进入数字化、网络化、智能化的新阶段。

世界经济犹如一条波涛滚滚的长河，繁荣与衰退交替，波浪式奔涌前进。通过历史考察，我们可以总结出世界经济涨落发展的基本逻辑与脉络。

首先，人口和资源是经济发展的前提和基础。人口与自然资源的规模、质量和禀赋结构，决定一国经济发展的水平及其在国际经济分工中的地位；人口与资源禀赋的相对变化，也决定该国经济的长期变化趋势。因此，无论是农业时代还是工业时代，人口与自然资源规模的扩大，造就了经济和政治大国，而大国的内部统一、对外兼并，改变了人口与资源的国别分布，又促推了国际经济格局的变化。西欧国家的海外殖民，打破了其原有的人口与资源限制，为自身崛起提供机遇；而战争、殖民体系崩溃及其人口老龄化，又导致了西欧的衰落。但人口与资源的增长，只能促使经济粗放式增长，因此，这种增长具有量的“天花板”。1300—1820年间，中国经济增长与人口增长基本同步，这也就是为什么在漫长的古代社会，中国等东方大国依托地理位置及人口和资源总量“红利”，在经济总量上保持全球领先地位，但增速缓慢，且人均财富与西方及其他地方相比差距不大；这种靠量取胜的经济，更不可能在产业分工上主导世界经济。经济发展真正取得质的跃升，还需依赖扩大市场和加大创新两大驱动力。

其次，市场扩大及分工深化，是经济发展的重要源泉。亚当·斯密在《国富论》中证明，市场和分工导致财富增长。地理大发现，客观上将亚、非、拉等相互隔绝的地方联结在一起，导致世界统一市场的形成，大幅丰富了各国可交易产品，提升了各产品的产量，并激发了新行业、新产品的问世。大英帝国、美国作为各自时代的世界霸权，在全球推广自由贸易体系，在服务自身利益的同时，也促进了世界经济的发展。葡萄牙、西班牙、荷兰以及早期的英、法等国，通过建立海外殖民地，在实现人口及资源扩张的同时，更在一定程度依托市场与分工的“红利”，成为全球经济的中心，改变了世界格局。但葡、西、荷等国迷失于海外劫掠、盘剥得来的巨额财富，未能充分利用市场及分工，推进制度与技术创新，最终被历史前进的浪潮所淹没。

再次，创新是经济发展的核心源泉，也是最重要的驱动力。创新包括两个方面：技术创新和制度创新，两者相互促进。从18世纪70年代至19世纪60年代，英国率先完成技术革命与产业创新，遂成为第一个全球经济与政治霸主，主导全球百余年；

> 英国经济学家亚当·斯密

法、德、美等紧随其后，相继开展并完成了工业革命，也成为全球强国。19 世纪 70 年代以后，德、美后来居上，在第二波工业革命浪潮中拔得头筹，在大国竞争当中逐步领先英、法。1820 年，英、法工业产值全球占比分别为 50%、15%—20%，美国约为 10%，德国则尚未统一，非常落后；而到了 1913 年，英、法占比分别降至 14% 和 6%，美、德升至 36% 和 16%。20 世纪 60 年代以后，美、日、苏联以及德国等欧洲国家继续把握住第三波工业化浪潮，保持了世界经济中心和全球大国地位。技术创新和经济发展也推动各大国的制度创新，确立了新的经济生产方式——资本主义生产方式和世界经济体系，建立近现代企业组织制度、公共财政与现代金融体系以及所谓西方民主的政治制度等。依托创新"红利"，英、法、德、美等国实现全球权力中心的转移，推动世界格局的转变。

世界经济的竞争和不平衡发展，体现在世界经济格局上，就形成"中心—次边缘—边缘"结构。其中，"中心"拥有该时代领先的产业和市场，在供求两方面主导国际经济分工，居全球产业价值链的顶端与核心；"边缘"是指处于全球产业供应链低端和国际分工附属地位、产业落后、市场较小的国家和地区；"次边缘"介于两者之间，由以前的中心衰落下来，或之前边缘地带上升的国家和地区构成。中心与边缘的区分标准，主要看其在全球分工体系中的地位，以及是否处在全球分工体系之中，而不一定是“不开化之地”。比如，17、18世纪的中国、印度都是文明古国，有悠久的历史和灿烂的文化，且人均收入较高，但却逐步沦为边缘国家，主要原因是其产业结构落后，处于国际分工的不利地位，最终其经济社会发展与中心国家日益拉开差距，沦为西方大国的经济附庸。

中心国家往往是超级大国，而边缘国家则往往是弱国。中心国家与全球大国不一定完全对应，有一定错位。首先，中心国家是经济强国，但能否成为全球统治大国，具有不确定性。中心国家的经济优势，不一定能转化为绝对的政治军事优势。比如，中国宋朝的经济生产领先世界，但军事上并非强权。但是中心国家有成为全方位强国甚至统治强国的潜力。其次，从中心国家到统治大国，存在一定时滞。1870年之后，美国就已经在经济上逐渐赶超英国，但经历半个世纪，才在两次世界大战后，真正实现对英国的全面超越，取代其霸主地位。

从G7到E7

当前，世界经济格局正面临新的百年变局：新兴大国群体性崛起，正日益打破500年来以“西方为中心、亚非拉为外围”的格局，加速向“东与西平衡”“南与北趋同”方向发展。美国一家独大的经济霸主地位正面临挑战，学界普遍预计，美国全球第一大经济体的宝座极可能被中国取代。

人类历史发展至今，经济上经历了由大趋同转向大分化，再回到大趋同的“正、反、合”三个阶段：15 世纪之前，全球各地虽然“东强西弱”，世界经济的重心在东亚和南亚，但在人均 GDP 上，东西方各地并没有太大的差距。据统计，公元元年、公元 1000 年，西欧的人均经济产值分别为 450 和 400 国际元；同期亚洲（日本除外）均为 450 国际元，拉丁美洲、非洲、东欧等地区则在 400—425 国际元之间波动。

15 世纪后，随西方崛起，强国与弱国差距不断拉大，世界进入“大分化”发展期。1820—1998 年，西欧强国人均 GDP 从 1232 国际元，升至 17921 国际元，年均复合增长率达到 151%；同期的亚洲（日本除外）仅从 575 国际元，升至 4354 国际元（如果剔除 20 世纪 80 年代以来的增长，该数值将大幅降低）。事实上，中国、印度等东方大国的经济产值，在被纳入西方体系之后，境况不但没有好转，反而每况愈下，大不如前。比如莫卧儿时期的印度（公元 1600 年前后），当时的人均粮食消费比 20 世纪 60 年代的更高。中国经济占全球比重在 1820 年为 33%，但自鸦片战争之后被纳入西方全球体系，经济地位大幅下降，1950 年仅占全球的 5%。日本（维新变法之前）、拉美等地情况大致相同。

20 世纪 50 年代以来，尤其是冷战结束以来，世界进入相对和平与黄金发展期，广大边缘国家（发展中国家）获得民族独立后，经济快速发展，经济总量和人均收入均大幅提升。西方仍然快速发展，经济产值从 1950 年的 3.7 万亿国际元，升至 1990 年的 15.3 万亿国际元，后者为前者的 413%；同期的亚洲从 0.99 万亿国际元，增至 8.6 万亿国际元，增长 869%，高于全球平均增长幅度 509%。世界经济在 500 年后，终于从大分化阶段过渡到大趋同阶段。

进入 21 世纪后，发展中国家继续保持远高于发达国家的增速，在全球经济中的比重也迅速追赶发达国家。据美国国家情报委员会预测，在 2030 年，发达国家占全球经济份额将降到 50% 以下，而发展中国家对世界经济增长的贡献率超过 50%。世界银行预测，到 2030 年，发展中国家在全球投资的占比将超 60%，在世界贸易的占比将由当前约 40% 升至 50%。

发展中国家不仅在总量上将实现超越，现有西方国家的“全球经济中心”地位也面临被取代的命运。普华永道 2017 年 2 月发布《长远前景：2050 年全球经济排名将会如何演变》的报告，预测全球最大的 32 个经济体（占全球 GDP 的约 85%）从现在到 2050 年的增长前景。报告认为，全球经济增长动力大部分源于新兴市场及发展中国家。其中，中国、印度、印尼、俄罗斯、巴西、墨西哥、土耳其等 7 个新兴大国（E7）的 GDP 规模将于

∨ 2017年金砖国家领导人厦门会晤

2028 年前后超越美国、英国、加拿大、法国、德国、意大利及日本等西方 7 国（G7）；印尼、巴西、墨西哥等将超越英、法；全球前 10 大经济体中，E7 国家占 6 席。2030—2050 年，该变化趋势将延续下去，七大新兴市场国家的年均经济增长率达 3.5%，而西方 7 国（G7）在这期间的年均经济增长率将只有 1.6%。参与撰写报告的普华永道首席经济师霍克斯沃思表示："我们将会看到经济力量由传统先进经济体向亚洲及其他地区的新兴市场转移。到 2050 年，E7 国家经济总量将占全球 GDP 近一半，而 G7 国家的占比将缩减至 20%。"

新兴经济体中，不仅中国、印度、俄罗斯、巴西、南非等“金砖”国家快速发展，印度尼西亚、韩国、土耳其、墨西哥、菲律宾、孟加拉国、尼日利亚、伊朗、巴基斯坦、埃及、越南等“钻石”国家也增势迅猛。新兴及发展中大国的群体性崛起，已经成为21世纪世界政治经济的最重大事件，它使得全球经济南北失衡的局面正被加速打破，成为百年变局的核心部分。其中，中国、印度、俄罗斯、巴西、南非、印度尼西亚、韩国、土耳其、墨西哥、阿根廷、沙特11国还是G20的成员国，成为新型全球治理平台的重要参与者，事实上已经成为具有世界影响的大国。

中国是新兴崛起大国中的最突出者，是全球政治经济格局转变的最大动因。按当前发展趋势，未来二三十年里，中国很大可能将实现对美反超，回归数千年来中国在世界经济中的历史地位。2020年新冠肺炎疫情在全球暴发，世界经济遭遇20世纪30年代“大萧条”以来最大幅度的衰退。中国作为首个战胜疫情的国家，为全球唯一在当年内实现经济正增长的主要经济体，这将加速中国的经济追赶进程。

在经济总量方面，根据不同指标核算，中国经济总量均有望在2035年之前超越美国，成为全球最大经济体，基本确立中美“两强并立”格局。

一是按照实际购买力平价计算。根据世界银行测算，中国经济总量早在2014年便超越美国。普华永道等机构以2016年的实际购买力值为基础测算，2030 年前后，中国 GDP 总量将超过 38 万亿美元，大幅超过美国的 23.5 万亿美元。

二是按照不变美元价格计算。中国也将在 2030 年前后超过美国。法国智库国际信息和展望研究中心（CEPII）预测，以 2005 年美元价格核算，中国追赶美国的速度较按照其他指标核算慢，在 2025 年前后，中国经济总量约占全球 GDP 的 16%，低于美国的 24%，最晚将在 2035 年前后正式超越美国，约达 22 万亿美元；但如果考虑汇率变动，由于中国人民币的实际汇率将在未来 30 年相对于美元升值，中国的 GDP 将在 2025 年前后超越美国，成为全球最大经济体。

三是按照现汇市场计算。中国将在 2025 年与美国基本持平，略低于美国，但 2030 年将超过美国，其中,CEPII 预测,2025 年，中、美两国经济总量的全球占比分别为 20% 和 21%，仅相差 1%，而美国华尔街投行高盛预测，中国经济的全球占比为 18%，美国占比为 19%。

2050 年前后，中国将跃居世界第一，奠定全球经济新格局。据英国“经济学人智库”（EIU）的预测，2050 年前后，世界经济将呈现“三超多强”格局。按照现价市场汇率计算，中国的名义 GDP 将达到 105.9 万亿美元，远超排名第二的美国（70.9 万亿美元）和排名第三的印度（63.8 万亿美元），中国经济将是美国的 1.49 倍；而中、美、印是三大超级经济体，远远将其他诸强甩在身后（其他位居前十的经济体，体量一般在9万—15万亿美元之间）。根据测算，届时印尼排名第四，总量为15.4万亿美元，日本排在第五，为11.4万亿美元。排在第六至第十位的国家分别为德国、巴西、墨西哥、英国、法国；前十的经济大国中，现有的G7发达国家仅占5席；第四至第十的七大经济强国经济总量之和为77.8万亿美元，比美国、印度略强，但仅为中国的73%。按照购买力平价计算，据普华永道预测，在2050年前后，中国经济总量将达到58.5万亿美元，印度达到44.1万亿美元，均大幅超越美国的34.1万亿美元。但是，根据CEPII和高盛的预测，2050年中、美两国经济实力的差距比英国“经济学人智库”预测的更大（按照现价市场汇率计算）：CEPII预测，届时中国经济的全球占比为28%，是美国14%的2倍（欧洲占11%，印度占12%）；而据高盛预测，中国经济的全球占比为25%，美国为14%，将是美国的1.78倍。

在对世界经济增长的贡献率方面，中国将是世界经济的主发动机，远超美国。据经济合作与发展组织（OECD）预测，从中国对世界实际经济增长的贡献看，2030年前，中国对世界经济的实际贡献率达到30%以上，而包括美国在内的OECD总体对世界经济的实际贡献率在29%—32%之间，中国的贡献率比OECD数十个国家的总和还多。

在人均GDP和居民生活水平方面，中国大幅接近美国。在

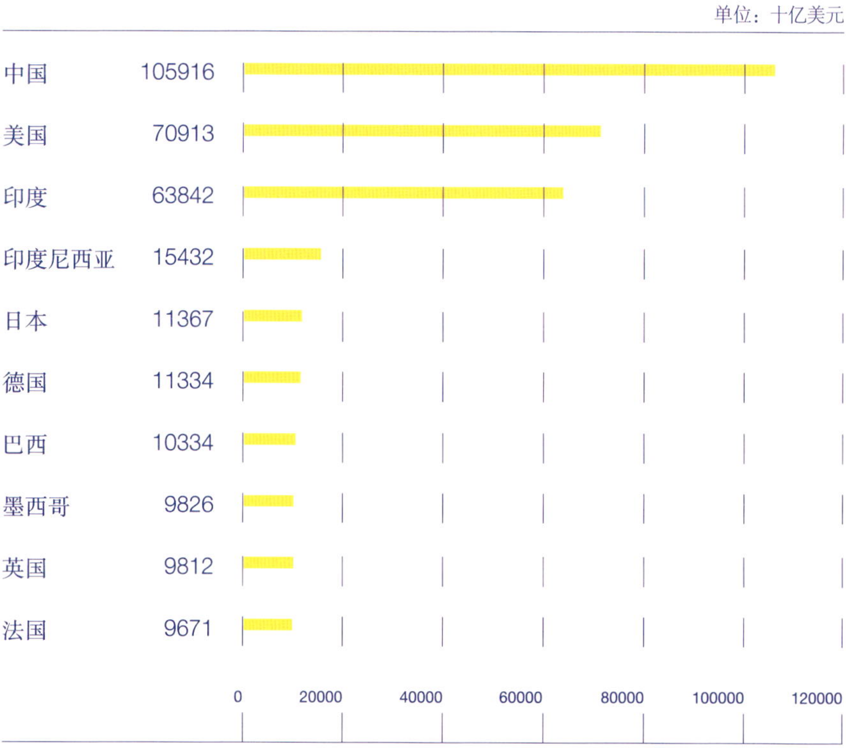

2050 年主要大国名义 GDP 比较（按照市场汇率核算）
数据来源：英国“经济学人智库”（EIU）

人均 GDP 上，OECD 预测，按 2010 年购买力平价计算的人均 GDP，中国仅为美国的 51.4%。据 CEPII 预测，以 2005 年的购买力平价计算，中国人均 GDP 在 2050 年前后将达到美国的 90% 左右。在居民生活水平上，中国将是在包括欧盟、日本、俄罗斯、巴西、印度等大型经济体中最接近美国水平的国家。如果考虑中、美货币实际汇率的变化，则中国人均 GDP 很可能更接近美国。

新一轮科技产业革命

科技与产业革命密切关联，科技革命往往是产业革命的先导。近代以来，世界共经历了三次科技革命：近代天文学与牛顿力学主导的第一次科学革命和以蒸汽技术为标志的第一次技术革命；化学、生物学和电磁物理主导的第二次科学革命与以电力、内燃机技术为标志的第二次技术革命；相对论与量子力学主导的第三次科学革命和以电子计算、电子通讯、核技术、基因技术等为标志的第三次技术革命。在此基础上，全球经历了三次产业革命：以纺织、煤炭、冶金为代表的第一次产业革命（蒸汽革命）；以电力、铁路、钢铁、化工、汽车等为代表的第二次产业革命（电气革命）；以微电子、计算机、自动控制、航空航天、核能、生物医药为代表的第三次产业革命（信息革命）。

当前，人类社会又进入科技的密集式发展期。新一代信息与数字技术群体性崛起，包括人工智能、大数据、云计算、物联网、区块链、5G 通信、多维打印、量子计算等形成技术生态群落，并向社会生产生活渗透：云计算等以数据的大规模生产、分享和应用为基础，向经济、社会和公共管理领域渗透；机器深度学习等人工智能技术将改变全球制造业、服务业发展模式；多维打印技术彻底颠覆传统制造业，推动高效、绿色、智能生产；区块链技术因其透明高效、安全稳定、降低中介与信用成本，在金

融、公共服务、供应链管理等多个领域快速应用。除了数字技术外，新一代生物工程技术、风电与太阳能等新能源技术、石墨烯和纳米材料等新材料技术也快速发展，与前述信息与数字技术交叉融合，共同推动科学技术的质变。

新技术的涌现，已经并将继续深刻改变全球经济生产，引发新一轮的产业革命。世界经济论坛主席克劳斯·施瓦布首先正式将其命名为“第四次产业革命”，称其为“第二机器时代”或“新机器时代”，其核心特征是数字化与智能化。而另一些学者包括卡尔文·托夫勒、杰里米·里夫金等则将 20 世纪 80 年代至今的技术与产业变革并称为“新工业革命”“第三次浪潮”或“后工业时代”等。

不管如何称呼，当前新一轮产业革命已经起步。大约在2010年前后，云计算、大数据、物联网等技术创新就已经向各大产业扩散渗透，推动数字经济发展。据中国信息通信研究院（中国信通院）统计，2018年数字经济领域有就业岗位1.91亿个，占当年总就业人数的24.6%，也就是说每4个就业岗位中就有1个与数字经济相关；2019年中国数字经济规模超过35万亿元，占GDP比重超过1/3。历次科技产业革命均会对社会造成全面深远的影响，上述技术的群体性发展，正引领全球新一轮的产业变迁，推进全球经济的数字化、智能化转型，深刻改变社会生产、生活方式和全球分工体系，并冲击国际政治议程。

一是生产模式巨变，朝数字化、智能化和个性化方向发展。数字技术、先进制造、人工智能、新材料技术等不断融合，引发人类的“制造革命”。新技术催生数字化机器、数字化车间和数字化工厂，由具有自主学习能力的智能化机器自动完成生产过程，并能实现消费者个性化需求与生产过程的全面无缝对接。新技术改变现有生产流程，基于大数据、云计算、数字孪生、多维打印等技术，以及产品研发、产品生产、产品销售、产品管理等方式的全面变革，效率大幅提升，成本大幅缩减。新一代数字技术大大降低了信息传递和提取成本，打破了束缚制造业发展的信息与物理限制，推动新商业模式的创新和制造业的个性化发展。据德国物流协会（BVL International）2016年的全球性问卷调查，制造业、物流业以及零售业中分别有约80%、86%和74%的企业认为，当前数字化科技等已经并将继续对其商业模式带来变革性影响。

二是生产组织巨变，传统企业和产业的边界模糊化，社会经济平台化。技术革命不仅改变“人与自然”“人与机器”的关系，还改变生产过程中人与人的关系，重塑社会生产组织方式。由于产品生产已经数字化、自动化和智能化，生产与消费之间的间隔大幅缩减，因此生产企业的核心职能将由生产转变为服务，包括市场沟通、研发设计、技术咨询等，制造业与服务业之间的传统界限、企业与终端消费者的区隔将逐步消失。企业核心职能的实现均可以采取市场合作的方式来进行，而不一定采取“雇佣—代理—员工”等传统企业部门的运作方式，因此企业组织形式也将发生根本性变化，企业与市场的传统边界不断模糊，企业生产逐步网络化、去中心化和平台化，企业与企业、企业与顾客、生产与需求之间日渐“开放”，共享与合作增多。

三是国际分工巨变，改变全球产业链价值链分工体系。早期的国际分工是“产业间分工”，由于各国的资源禀赋与经济发展程度不一，发达国家生产工业制造品，发展中国家提供自然资源和农副产品以及低端工业制造品，相互间进行贸易交换。后来，随着全球化的进一步发展，跨国公司横空出世并在全球配置资源，利用各国要素生产产品，国际分工发展为“产业内分工”，即各国生产同一种产品，但在本产品的全球价值链中居不同位置，比如美欧等发达国家研发设计、拉美国家提供资源和原材料、东南亚国家提供中间产品、中国进行集成和组装，然后行销全球各地。而新时代的远程技术、虚拟现实、5G 通信、数字化物流等技术，则可进一步打破束缚制造业发展的时空限制，使全球各地的生产要素通过现代技术“纽带”结合在一起，全球范围内跨时空“分布式”生产不再是梦想，从而改变现有的国际分工模式，新型“企业内分工”成为现实。一方面，劳动力比较优势在国际分工中的重要性将大大下降，信息化水平、经济发展水平以及市场潜力的大小，将上升为生产布局的决定性因素，使得生产越来越靠向消费市场，产业链价值链日益缩短，本地化趋向加重。“世界经济论坛”在 2017 年 10 月发布研究报告称，各种新科技的运用，极大增强经济生产的“时空灵活性”，大幅缩短生产与消费的距离，劳动力成本的国际差异将不再是企业运营与生产选址的决定性因素。另一方面，国际分工深入到价值链的每一个环节，即产品研发、设计、加工、组装、服务等的每一个环节都可动用全球各地的生产要素。

新技术革命的到来，让各国意识到技术发展的重要性，各国纷纷出台新产业发展战略，以抢占时代制高点，开启全球新的

“大争”时代。美国在2011年6月推出“先进制造伙伴计划”等规划，是最早出台高新技术产业政策的国家。此后，各国纷纷跟进，加入抢占新技术革命先机的竞争：2012年，德国推出“高科技战略2020”，力推“工业4.0”计划；2013年，法国、英国等经过数年酝酿，推出各自的工业振兴战略；2014年，荷兰、欧盟、韩国、印度等制定了各自版本的制造业创新与再兴计划。至今，全球主要国家基本推出了工业振兴计划，虽然各国名目不同，比如韩国的“制造业创新3.0”、日本的“超级智慧社会”（或“社会5.0”）、欧盟的“未来工厂”、荷兰的“智慧工业”、瑞典的“瑞典制造2030”等，但其核心内容相似，而且都是长期性、战略性的规划，政府投入重金予以支持。可以预见，今后较长时间内，各国对新兴与战略产业的争夺白热化，合作趋势还会持续，但竞争成分将明显上升；而“去中心化”趋势将加剧全球技术范式和新技术中心的争夺，各种新型技术合作联盟会兴起，导致全球竞争与合作模式生变。

美国是当今世界的科技霸主，领先优势非常突出。但中国等新兴科技力量正迅速崛起，有望改变当前国际科技力量格局。

美国仍将占据世界科技发展前沿。麦肯锡全球研究院（MGI）将创新划分为四大“原型”，分别为科学研究型、工程技术型、效率驱动型和客户中心型。美国长期领跑科学研究型与工程技术型创新，在客户中心型创新领域同样实力强劲；而中国在客户中心型和效率驱动型创新上表现出色，但在工程技术型和科学研究型创新方面相对落后。美国的成功因素仍存在。MGI 认为，美国成功的要素包括大力投入基础研究（每年 800 亿美元，其中 60% 由政府资助）以及对市场发展尽量不加干预的传统；美国还拥有鼓励承担风险的深厚创业文化、风投融资渠道以及催生了成千上万家公司的校企合作关系；美国人才资源丰富，包括来自世界各地的移民，世界排名前 100 的全球顶尖高校有 83 所位于美国等。

中国有望跻身创新型国家前列。目前，中国的科技创新已经取得了全面进步。创新力方面，世界知识产权组织报告显示，2013 年中国的“全球创新指数”（GII）仅位列世界第 35，2019 年跃居第 14 位，排名上升了 21 位，超过了日本；同期，美国排名升至第三，两国差距大幅缩小。2020 年，中国保持住该地位，成为创新力居世界前 20 位的国家和地区中唯一的发展中国家。美国信息技术创新基金会（ITIF）2019 年发表研究报告，选择 36 项代表性指标，衡量过去 10 年中、美科技创新实力消长，结果发现，中国在所有指标上与美国的差距都不同程度地缩小，平均缩小幅度约 1.5 倍。科学研究方面，2004 年中国科学和工程论文发表“三年内被引频次”仅为全球平均值的 62%，美为 141%，中国仅相当于美国的 44%；而到 2014 年，中国论文被引频次已经达到全球平均值的 96%，相当于美国的 68%。研发支出方面，目前，中国的支出总量已超过全球总量的20%，仅次于美国，居世界第二；支出强度（研发支出占GDP比重）超过2.1%，超过OECD国家的平均水平。中国在政府研发支出、大学毕业生的理工科学生比例等指标方面高于美国，在国内研发支出绝对数量（包括民间支出）、高新制造业的增加值等方面目前与美国尚存差距，但中国追赶速度很快。2007—2017年，美国研发支出年化增长率约2%，而中国高达13.1%，超越美国指日可待。当然，中国科技创新实力的短板仍然很多，包括科研质量、效率、活力、开放度等，中国要成为真正的科技强国，仍有大量工作要做。

除中国外，其他新兴经济体如印度等也都摩拳擦掌，加大科技领域的追赶进程。发达国家科技“独大”的局面正在改观，全球科技力量格局酝酿突变。日本科学史学者汤浅光朝发现，近现代历史上科技霸主是按以下顺序转移的：意大利（1540—1610年）、英国（1660—1730年）、法国（1770—1830年）、德国（1810—1920年）、美国（1920年之后），每位科技霸主的平均“在位时间”80年左右。根据这一研究结果进行预测，到目前，美国占据世界科学中心位置的时间已经超过100年，现今正面临激烈竞争和挑战。不管美国能否保持其地位，全球科技力量的格局都将面临深刻的调整。

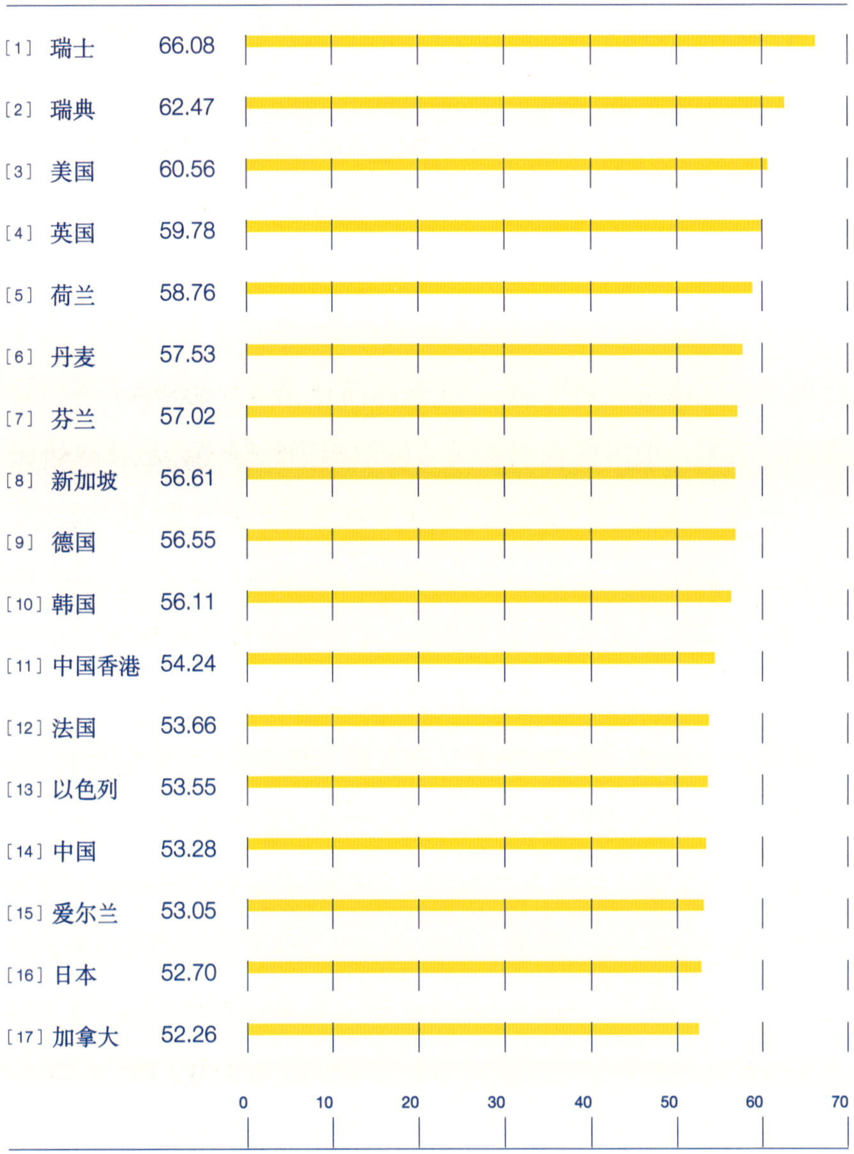

2020 年全球创新指数得分及排名

数据来源：世界知识产权组织（WIPO）。中括号内的数字为全球排名位次。

国际金融体系的转型

冷战结束后，美国既是全球唯一政治经济超级大国，也是金融方面的统治大国，无论是金融市场的规模，还是美元的国际地位，均是“巨无霸”的存在，居绝对主导地位。2008 年金融危机爆发后，美西方在金融领域的软硬实力遭到沉重打击；以中国为代表的新兴与发展中大国群体性崛起，美国金融霸权开始呈现松动的迹象。

首先，发展中经济体在全球金融版图中的分量快速上升，正逐步重塑西方主导的国际金融格局。

从跨国投资看，发展中经济体的地位快速上升。在外来投资接收方面，发达国家的全球占比已经由 2000 年的 82.5%，降至 2014 年最低值 44.5%，最近几年有所回升，但在 2008—2018 年的 10 年间，发达国家吸收 FDI 的全球份额平均为 47.5%，其地位总体已经被发展中国家超越。在对外投资输出上，发达国家目前仍占据主导地位，但新兴发展中经济体开始增长，尤其是中国、俄罗斯、阿联酋、新加坡、泰国、中国台湾等，已占据世界前 20 大资本输出经济体，中国稳居世界前三。未来数十年，随“一带一路”建设的推进，中国在国际投资中的地位将更加凸显。

从金融机构的力量看，西方独大的地位逐步被打破。目前，在基金、证券公司、投行、评级公司等金融服务公司的规模和市场影响力上，西方金融机构均大幅领先全球，但在局部领域，该局面逐步改变。2000 年之前，美、欧银行占据绝对主导地位。据统计，全球前 1000 家最大银行中，1990 年，西方银行无论是在数量还是总资产规模上，均占 80% 以上，而至 2015 年，西方银行在榜单上缩减至不及 500 家，而新兴及发展中国家的银行则占据大半壁江山。预计 2020—2030 年，西方银行的数量、规模、地位将进一步缩减，占 40% 多，仅亚洲的银行就将追平西方。在这方面，中资银行的实力不断上升，已崛起为全球的重要金融力量：规模方面，中国的银行总资产已超越美、欧，总量居世界之首，四大国有银行总资产独占全球前十大银行前 4 席；业务方面，除传统商业信贷外，在投资银行等非传统业务上也突飞猛进，占亚洲市场的份额由 2000 年的 1%，升至 2019 年的 14%，是亚洲（除日本外）所有竞争对手总和的 3 倍；海外影响方面，四大国有银行的海外分支机构升至 618 家，在全球跨境贷款的份额升至 2019 年的 7%，占新兴市场所有跨境贷款的 2/3，在非洲及“一带一路”区域的业务持续增长。

其他领域的金融机构包括基金、保险等，大趋势与此类似，就主权财富基金而言，新兴与发展中国家牢牢占据主导地位。据伦敦金融机构的统计，2008 年全球拥有 3.9 万亿的主权财富基金，而其中中东产油国占比最大，为 45%，其次是亚洲占 33% 的份额。全球主权财富基金已经超过私募基金和对冲基金，成为国际

LEHMAN BROTHERS
MAR 17
LEHMAN
LEHMAN BROTHERS
LEHMAN BROTHERS
LEHMAN
NEW YORK
HONG KONG
TOKYO

< 雷曼兄弟公司总部大厦

金融市场的主要机构参与方，表明发展中国家的金融力量在全球金融中地位上升。

从新兴金融的发展看，新兴经济体正在实现赶超。金融科技的国际角逐激烈。大数据、云计算、移动互联、区块链、人工智能等高科技的快速发展，为全球范围内的金融创新提供了强劲动力，与之相关新的金融模式、金融技术、金融业态、金融产品、金融主体等（统称新金融）快速发展，并将成为国际金融的未来发展潮流。中国等新兴经济体后发优势凸显。新金融发展迅速，其中，美国因其发达庞大的市场和独特的创新机制，目前在新金融的国际竞争当中独领风骚，居主导地位。据美国商务部发布的 2016 年统计，自 2010—2014 年的 5 年间，美国的新金融投资占全球投资总额的 43.3%，大幅领先其他国家，优势明显；其中北美约占全球的 64%，远高于亚洲（13%）、欧洲（20%）。但是，部分新兴大国紧跟潮流，在新金融的全球竞争中后来居上。新金融可能成为新兴大国实现“弯道超车”的历史性机遇，毕马威 2019 年的分析报告称，在全球前 100 家最大的金融科技公司中，中国上榜公司的数量到 2019 年达到 10 家，仅位居美、英之后。从目前态势看，大有后来居上的可能。

其次，新兴经济体的货币初露峥嵘，正逐步推动国际货币体系转型变革。当前的国际货币体系本质上是美元“独大”的主权货币体系，美元在国际结算、计价、投资、储备等方面占据主导地位，是不稳定、不合理的国际货币体系，不利于世界经济稳定与全球各国福祉。即使美国在世界经济中的地位不断下滑，由二战后接近 60%，降至当前的不到 25%，美元仍然占据全球垄断地位。2008 年金融危机以来，虽然美元“一元独大”的国际货币体系是本次金融危机的源头之一，且国际上对该体系的诟病及反对与日俱增，但美元地位逆势上扬，在国际计价、结算、支付、投资、储备等全球份额中的占比不降反升：国际储备方面，2009 年，美元在全球外储中所占的份额不到 62%，欧元的比重超过 28%，但随着欧债危机爆发，美元的比重探底回升至 2016 年末的 65%，至今维持在该水平，而欧元则下滑 20% 左右；国际信贷方面，截至 2020 年中，欧元区之外地区接受的欧元信贷存量总规模为 3.5 万亿欧元，其中，相当比重是流向东欧地区或欧美发达国家，流向亚非拉等地区的比例不足 4000 亿欧元；而同期美元流向美国以外的信贷资金存量达 12.7 万亿美元，欧元在国际信贷市场的份额仅为美国的 27.5%。美元地位逆势上扬（美元的国际份额相对于美国经济规模的全球占比），加剧了国际货币体系的失衡，以及美元本位的国际货币体系内在的不合理性、不稳定性和不公正性。

随着形势演变，全球“去美元化”力量积聚壮大。

一是推动国际货币体系“再平衡”的力量增加。欧盟早在危机刚爆发后，便指出要促进国际货币体系的“再平衡”，改革现有国际货币体系。近年来虽在“欧债危机”等打击下欧盟的积极性有所下降，但其改革诉求一直没变。2018 年 9 月 12 日，欧盟委员会主席容克向欧洲议会发表年度《盟情咨文》，称欧盟应该团结在一起，先缩小美元在欧盟内部交易结算中的使用，共同提升欧元的国际地位，让欧元变成一种可以与美元相抗衡的全球储备货币，并声称“在今年年底前”，欧盟委员会将就提升欧元的国际地位拿出具体建议，必须强化“经济和货币联盟”，使欧元更强大。2019 年，为应对美国制裁伊朗给欧盟带来的冲击，法、德等主要欧洲大国推动成立贸易往来支持工具（INSTEX），探索建立“去美元化”的交易支付体系。虽然该体系仍处在早期阶段，但已吸引比利时、丹麦、芬兰、荷兰、瑞典和挪威等多国参加。土耳其、俄罗斯、委内瑞拉等国近年来则加大储备多元化；俄罗斯、伊朗等国甚至宣布将禁用美元，转而使用欧元、人民币等国际货币。而数字经济时代，多国竞相开发利用基于区块链等新技术的稳定币（脸书正在开发的“天秤币”是典型代表）、央行数字货币（CBDC）等，将对当前美元主导的国际货币体系带来颠覆性变革，加速美元体系式微。

二是国际金融治理获阶段性突破。在中国等发展中国家的努力推动下，IMF 改革终有突破，中国、印度、俄罗斯等的投票权份额获得一定程度增加，新兴发展中大国话语权有所增大；人民币等新兴货币国际化不断推进，储备货币多元化取得一定进展，二十国集团（G20）主导作用凸显。七国集团（G7）地位与作用日益边缘化，G20已上升为全球经济金融治理的主要平台，成为国际金融事务议事、协商、立规和推动执行的最权威多边机制。国际金融机构改革逐步深入。国际经济与金融的发展日新月异，美国作为超级金融霸权向全球提供金融治理公共产品的能力与意愿下降，国际货币基金组织和世界银行等传统国际金融机构已无法满足现实需要，面临机构功能和治理机制转型。目前，国际货币基金组织和世界银行在成员份额、治理改革等方面取得不少进展。同时，在中国等新兴金融力量推动下，“金砖银行”“亚投行”等新型机构不断创建，增大了发展中国家的局部话语权，在一定程度上弥补了现有国际金融体系的不足，也不断倒逼现有国际金融体系改革。在发展融资上，中国的影响力明显增大。“一带一路”倡议的推出，让基础设施互联互通日益成为全球共识，基础设施融资已经成为全球金融合作的新热点。近年来，中国等逐步将全球基础设施建设作为主要合作议题，并提出各项目的量化指标。此外，为应对全球气候变化挑战，绿色金融合作提上合作议程。中国已成为全球最大绿色债券市场，绿色信贷约占全部贷款余额的10%，中国还将推出全球最大的碳排放交易市场，成为全球绿色金融的领军力量。

人民币被公认为当前全球最可能挑战美元的新兴货币，正稳步崛起，有力推进国际货币体系的“再平衡”。中国自2009年正式启动人民币国际化，虽然经历了一定曲折，但目前正处在稳步上升通道。

2009—2015 年是人民币国际化快速推进阶段。中国人民大学构建的人民币国际化指数由 2009 年的 0.02，迅速上升至 2015 年第三季度的 3.6，离岸人民币市场在亚、欧等地多点开花，人民币双边互换协议猛增至 20 多个，全球各地的人民币清算中心和人民币跨境支付系统等基础设施不断完善。人民币宣布加入 IMF 特别提款权（SDR）货币篮子，是人民币国际化取得进展的里程碑事件。

2016—2017 年是人民币国际化进程放缓调整阶段。由于金融整顿以及经济结构调整，人民币国际化暂陷回调，2017 年 6 月，渣打银行编制的人民币全球化指数，由 2015 年 9 月的最高 2476 点，跌至最低点 1730 点，下降 30%，海外人民币资金池也大幅缩小。

自 2017 年至今，随着中国开启新一轮改革开放，人民币国际化重获动力，进入发展新阶段。这一方面是因为，金融整顿释放了中国金融市场的局部风险，增大了人民币吸引力；金融业的开放加速，释放了制度红利；加大人民币汇率改革，推动汇率实现双向浮动，市场化不断推进，为人民币国际化打下可持续发展的基础。另一方面，中国经济经过结构调整，步入高质量增长阶段，人民币国际化的基础进一步夯实。目前，人民币在国际贸易支付结算、国际投资、外储占比等方面稳步提升，已经成为国际前五大最重要货币，国际地位与日元、英镑等相差不远。总体而言，人民币国际化进程启动10多年，在扩大其国际使用这一点上，是比较成功的。基于此，渣打银行、国际货币基金组织等机构以及多名货币问题专家预测，2030年前后，人民币有望跻身世界前三，与美元、欧元形成“三足鼎立”的国际货币格局。

总体看，国际金融发展日新月异，但金融格局变迁滞后于力量格局，当前尚处于量变阶段。美国金融霸权地位依旧，美元独大短期仍难撼动，但美国心态已变，对提供金融公共产品意愿减弱，其公共形象与吸引力下降，金融竞争优势逐步减弱。未来，随着国际经济格局持续调整，新兴大国群体性强势崛起，美国金融霸权将面临多方面挑战，维持美元霸权的难度与成本上升。这可为中国金融崛起提供重要机遇。

经济巨变的安全意义

世界经济格局加速演变，新一轮技术创新与产业变革深入发展，全球金融与货币体系不断发展，一幕幕趋势性变革“大戏”逐场上演，世界正见证一个全新时代的到来。

从全球经济力量分布上看，当前世界正经历500年未有的情形：中国、印度、巴西、俄罗斯、墨西哥、印尼、土耳其等一批非西方新兴大国群体性崛起，其人口、土地、资源等的规模庞大，其历史文化和价值理念不同于西方。虽然美国、欧洲、日本等仍将在新的历史时期扮演重要角色，但当前多数发达国家的国际地位下滑、人口规模萎缩、制度弊端日渐显现，将难再发挥之前的国际影响力。中国、印度等在农业革命中领先，但在工业革命中落伍，虽然此次是在时隔数百年“梦醒”后再次“回归”世界舞台中央，但世界已不是那个世界，中、印等国也不再是此前的自己，而是在数百年实践中不断自我革命、自我发展、吸收西方先进文化的新的自己。新的时代，世界将迎来新的主角。

过去500年西方列强的崛起之路，既有文明的一面，比如通过民主、人权、法制和科技等，西方引领创建了发达的工业文明，极大解放了生产力，推动了人类的进步；也有野蛮的一面，带来人类史上最大范围、最长时间、最大规模的暴力战争，鲸吞土地、经济掠夺、贩卖奴隶、强制殖民，以及对原住民及当地文化进行毁灭性的残害与破坏，以至于马克思批判其“每个毛孔都滴着鲜血”。从政治上看，西方政治文化衍生出来的霸权、强权政治与力量制衡外交，并不能从根本上给人类社会带来和平。据不完全统计，1480—1940年的近500年间，世界共发生278起动用5万人以上军队的大规模战争，主要战争基本都与西方相关。频繁的殖民地战争、帝国争霸战争，尤其是两次世界大战，夺走了无数人的生命；通过侵略，西方一度将世界上所有其力所能及的国家都纳为附庸，引发全球范围的反侵略、反殖民、反霸权的抗争浪潮。从经济上看，西方“发明”了资本主义经济体系，并引领主导了多轮经济全球化、自由化和现代化浪潮，顺应了时代的要求，促进了人类的进步与繁荣，但随着形势发展，其不合理的一面逐步显现，即经济剥削、两极分化、人性异化、经济危机、环境破坏、气候变化等。“万物流变，无物常驻”，现有西方主导的体系历经数百年发展，其内部蕴含的否定性因素持续发酵出新的时代，世界酝酿着新变革。

作为新时代的主角，中国曾是农业时代的世界顶级大国。基于特有的东方文化，中国给世界历史留下与西方不同的痕迹，比如“古丝绸之路”和“郑和下西洋”等，推动东西方陆上与海上的文明交流互鉴，体现出以“和”为贵的大国特质。正如马克思、列宁、沃勒斯坦等所深刻揭露的，西方的资本主义经济生产方式，决定了其将走侵略、剥削的全球帝国主义发展道路。中国的历史文化、民族性格及其独特的政治经济体系，决定了中国的崛起之路将与西方不同。事实上，从 1949 年至今的 70 多年里，中国通过对内改革、对外开放以及独特的社会主义道路与制度体系，实现了财富的增长、国力的增强和国家的振兴，现实雄辩地表明，中华民族的崛起之路不同于西方列强的争霸之路，而是和平发展之路。当前，中国积极倡导“人类命运共同体”理念，大力推动新一轮改革开放和“一带一路”建设，为全球问题的解决提供“共商、共建、共享”和“共同发展”“共同安全”等新的方案与智慧。

全球经济正经历主角之变、道路之变、模式之变等全方位巨变，不可避免将对世界带来广泛深远的冲击，影响各国的国家安全。就经济安全而言，既面临新的机遇，也迎来新的挑战。

新机遇体现在世界经济格局的新旧转换之中。机遇之一是，持续数百年的“中心—外围”结构的世界经济体系，将向多中心竞争与合作的格局转变。在这种结构下，东西南北发展趋于平衡，全世界数十亿人口的收入大幅上升，世界再度回归“大趋同”状态（人均财富差距缩小）；同时，传统意义上的边缘地带被新型的区域分工合作结构取代。这不仅意味着世界经济发展更具稳定性和可持续性，还意味着为世界和平提供更坚实的基础。“一花独放不是春，百花齐放春满园”，在共同发展的环境下，世界才能实现真正持久的繁荣。

机遇之二是，中国的崛起。这个近代以来世界上首个以和平与合作方式崛起的大国，将会以“共同发展”“多元、包容、互鉴”等理念推进全球治理，将是新时代里世界最大的发展机遇。

机遇之三是，新一轮科技与产业革命蓬勃发展，将用新的方式促进全球互联互通、推进经济全球化。传统的资本主义“资本—代理—雇佣”企业模式日趋式微，新的“平台型”分工合作模式将大范围流行，这将为国际合作提供全新平台，为个人的自由与发展打开新的天地。

机遇之四是，新格局下，国际经济模式将不再是资本主义一统天下的时代。多样化的经济模式下（中国特色社会主义经济将是重要组成部分），世界或可以摆脱资本主义经济体系蕴含的贫富分化、人性异化等弊病。

经济变局也给经济安全带来全新挑战，包括国际货币体系由美元独大到多元均衡格局转换过程中的不确定性所带来的金融安全问题；新旧经济中心兴衰更替，以及新一轮产业革命引发的产业更替过程中可能带来的产业安全和就业问题；各个世界技术中心相互间的复杂竞争与合作可能带来的科技安全问题；各经济发展模式竞争可能带来的发展道路与治理理念安全问题；新型国际分工合作模式、新型全球化的发展可能导致的经济发展自主权、经济命脉掌控权问题等。上述经济安全问题往往溢出于经济领域之外，与一国的政治安全、外交安全、军事安全等密切关联。从战略角度看，新一轮的全球经济变局下，有两个综合性的经济安全问题值得特别关注：

一是大国对先进产业与战略资源的争夺。占据先进产业发展先机，赢得本国在国际产业分工中的有利地位，对一国安全和发展而言，具有战略意义。因此，出于对本国安全着想，一些国家往往会全力争夺相关的技术、人才与资源，甚至不惜发起战争，

西404
40t

< 首列中欧班列『奥迪整车进口班列』抵达西安

干扰削弱对方，从而让自己在战略产业发展方面处于有利位置，这往往会引发国际紧张和冲突。大海航时代，为争夺殖民地和控制关键海上通道，葡萄牙、西班牙、荷兰、英国、法国等之间爆发多次冲突。第一次工业革命时期，腓特烈大帝派遣高级官员和企业家到英国收集信息，并千方百计获取工业技术机密，积极吸引英格兰技术工人到德国工作，联合各德意志邦国组建“关税同盟”，出台保护主义措施保护本国幼稚产业，最终取得工业化的成功，并在第二波工业化中成为领先国家。当前正处于第四波技术产业浪潮中，主要大国围绕新兴与战略产业的争夺已经白热化，各国在人才、技术、资金、关键基础设施、战略性资源等领域的竞争，以及产业供应链领域的竞争暗流涌动。近年来，特朗普政府高举“美国优先”旗帜，出台种种保护主义举措，甚至不惜动用外交、安全等战略力量，“全政府”打压中国的华为、中兴等高新企业，目的是维护本国的产业优势。拜登政府上台，虽会在一定程度上调整修正前任政府的单边、保护主义路线，但国际格局及美国内政状况，决定了美国政府对华遏制的政策基调不会变化，其对华经济打压或更趋激烈。

二是经济格局的演变进程，往往也是国际战争与冲突的进程。正如沃勒斯坦所指出的那样，国际经济系统的内部蕴藏着军事上剑拔弩张的危险：中心国家或者在国际分工上占优的国家，将极力“为本国企业谋取利润尽可能创造有利条件”，帮助它们

“创造类似垄断状况”的经济地位；边缘国家或国际分工处于不利地位的国家，将试图为改变自己的生产结构进行种种尝试，但通常会被中心国家横加阻拦。戈尔茨坦的研究也发现，经济生产周期与国际战争周期具有高度拟合性，在生产高峰并趋于下降之后的平均 10 年左右时间，国际战争将进入高峰期；战争的推进，也会对经济生产周期产生影响。当前全球经济巨变之际，美国不断加码对头号潜在对手中国的打压，导致国际紧张局势持续升级：先是高举“关税大棒”，在 2018—2019 年对华发动规模史无前例的贸易战，至今仍未结束，其影响已远远超出经贸范畴；与此同时，美国频频在台海、南海、香港、新疆、人权等问题上出手，不断冲撞中方“底线”。有专家表示，当前局势与一战前的局势高度相似，国际冲突风险升高。对此，中国应有充分的心理准备，未雨绸缪，积极应对。

参考文献

1 萧国亮、隋福民编:《世界经济史》，北京大学出版社 2008 年版。

2 国务院发展研究中心课题组:《百年大变局：国际经济格局新变化》，中国发展出版社 2019 年版。

3 [日] 田中明彦著，杨晶译:《世界系统》，经济日报出版社 1990 年版。

4 [英] 安格斯·麦迪森著，伍晓鹰等译:《世界经济千年史》，北京大学出版社 2003 年版。

5 [美] 查尔斯·金德尔伯格:《世界经济霸权：1500—1990》，商务印书馆 2003 年版。

6 PWC, "The long view: how will the global economic order change by 2050?", February 2017.

7 Jean Foure, Agnès Benassy-Quere & Lionel Fontagne, "The world economy in 2050:a tentative picture", CEPII Working paper 2010-27, December 2010.

8 Yvan Guillemette, David Turner, "The Long View: Scenarios for the world economy to 2060", OECD, Economic Policy Paper No.22, July 2018.

9 Joshua S. Goldstein, "Long Cycles: Prosperity and War in the Modern Age", New Haven, Yale University Press, 1988.

10 Joseph A. Schumpeter, "Business Cycles: A Theoretical, Historical, and Statistical Analysis of the Capitalist Process", Vol. 1, New York: McGraw-Hill, 1939.

11 T. K. Hopkins & I. Wallerstein, "World-Systems Analysis: Theory and Methodology", Beverly Hills: Sage Publications, 1980.

3

第三章

国际格局变迁与大国博弈

冷战结束至今，中国及新兴力量的崛起改变了国际力量对比，国际社会面临百年未有之大变局。其中，中美博弈是国际格局变迁及转型的核心要素，全球治理体系亦处新旧转换的关键期。

后危机时代的变与不变

冷战结束后，国际格局由两极化向多极化发展，“一超多强”成为国际格局的基本特征。美国作为唯一的超级大国拥有别国难以匹敌的实力，与此同时，中国、俄罗斯、欧盟、日本、印度崛起势头明显，在国际格局中影响力增大。2008 年金融危机后，美国及西方整体实力相对下降，中、俄所代表的新兴经济体国家实力日益上升，国际格局呈现“东升西降”“南升北降”之势，国际力量对比更趋均衡化。但应看到，“东升西降”是“增量”，“西强东弱”是“存量”，国际社会“一超多强”格局并未根本改变。

从“一超”上看，今天美国占世界 GDP 的比重依然接近 1/4，处于第二位的中国占比近 1/6，而处第三名的日本占比仅刚过 1/20。美国仍拥有目前世界整体实力最强的军队，其规模和装备均位列世界前列。2020 年美国军费支出共计 7380 亿美元，超过后面中、印、俄等 15 国军费的总和。美国对全球事务的掌控力和影响力也难有国家匹敌。美国在全球拥有庞大的盟友网络体系，驻军部署在 140 个国家和地区，拥有 800 多个海外基地。

而美国盟友体系往往结成外交与价值观同盟，在国际事务中发出共同立场和声音，试图垄断国际话语权。除是世界上最大的经济体，且经济长期保持较高增长率外，美国的高科技、教育、科研均处世界领先位置，拥有全球最大的资本市场，美元体系垄断全球金融霸权仍然是难以否认的客观现实。

另一方面，美国的“一超”地位正在弱化，今天的世界美国已难独霸。早在冷战结束前夕的 1987 年，美国历史学家保罗·肯尼迪出版了《大国的兴衰》一书，提醒美国“帝国的过度扩张”可能引发大国衰落的风险。基辛格 1997 年在《大外交》一书中对“世界新秩序”进行思考后提出，冷战结束为美国按自身模式重建国际环境提供了巨大诱惑，但是权力越来越分散，国际体制越来越不稳定，美国改造世界的能力正在减弱。“美国是最伟大、最强盛的国家，但仍有其他强国比肩；是鹤立鸡群，但依然与其他国家一样……美国需要伙伴在世界若干地区维持均势。”

“9·11”事件的发生是对美国“帝国之巅”乐观情绪的一次全面摧毁。美国开始对国际格局进行全面反思。著名学者、哈佛大学肯尼迪政府学院前院长约瑟夫·奈提出：在全球化时代，权力资源的分配发生很大变化，世界格局成为一个“三维棋盘”。在其顶部是军事问题，美国是全球唯一的军事超级大国；棋盘中部是国际经济问题，其权力分配是多极的，欧盟、日本、中国均很重要；底部则是恐怖主义、气候变化等跨国问题，跨国公司、非国家行为体发挥着重大作用。芝加哥大学教授、《大国政治的悲剧》的作者米尔斯海默进一步提出，1990—2004年是美国“单极时刻”的黄金期，从2005年开始，美国实力下降，“自由主义国际秩序”也开始走下坡路。其原因包括：美国对伊拉克、阿富汗等“大中东”改造失败，金融危机促使中国更加“进取”，加上美国盟友体系裂痕增大，西方政治模式不断失去“市场”，威权模式开始被一些国家认可。

毋庸置疑，2008年金融危机是美国相对衰落的一个重要转折点。奥巴马执政8年，不仅没有解决美国经济、政治及社会中

^ 「9·11」恐袭中世贸双子楼倒塌

的痼疾，相反出现经济“平庸增长”、政治极化更趋严重、社会矛盾更为激化的局面；其外交被强硬派吐槽“过于软弱”、缺乏成效，最终导致反建制派领导人特朗普上台。特朗普以“美国优先”为旗号，对外动辄极限施压、动用大棒，高调退出国际机制，使美国与盟友关系进一步分化，美国国际声望处历史低点。其民粹主义政纲也使美国国内进一步撕裂，左右之争贯穿美国政治、经济、社会、文化各个层面，直至演化出2020年大选两党僵持不下的局面。今后，美国国内的分裂将是“新常态”，这将进一步侵蚀美国的实力地位。

在“一超”之外，“多强”并起的趋势仍在持续深化。冷战后，世界一直朝多极化方向发展，中国、俄罗斯、欧盟、日本、印度等群雄崛起，不断冲击美国“一超”地位。2010年中国超过日本成为世界第二大经济体；按购买力平价计算，中国GDP在2014年就超越美国，成为世界最大经济体。中国还是世界第一大工业国、第一大农业国、第一大贸易国和第二大服务业国，经济辐射能力越来越强；军费开支排名世界第二，同时也是世界航天大国，2007年中国成为世界第三个有能力以导弹摧毁太空目标的国家。中国在联合国等国际机制中也日益扮演着重要角色，在“多强”中综合实力最为凸显，令美国战略压力日趋增大。

俄罗斯作为冷战时期超级大国之一苏联的继承国，国土面积排世界第一，是世界第二大石油出口国，拥有全球储量最高的天然气，军事实力名列世界第二。近20年来，俄罗斯在领导人普京带领下不断展现大国雄心，在乌克兰、叙利亚等问题上与美国针锋相对，就国际事务发出独立主张与不同声音，对美国“一家独大”地位提出挑战，也成为美国的“眼中钉”。

与此同时，欧洲也日益作为一支独立的力量发挥作用。冷战后欧洲加快统一和自主步伐，欧盟实施《马斯特里赫特条约》，扩充和完善共同市场，发行欧元，建立货币联盟，推行共同外交政策和防御计划，推行统一的宪制改革。加之欧盟和北约的扩大，欧洲成为多元世界里的重要成员。但由于美欧在全球与地区事务中分歧加大，双方离心倾向不断加强，美国对盟友的掌控能力受到冲击。

日本作为当今世界GDP总量第三的经济强国，具有较高科技水平，在医药、机械、汽车、家电等方面均处优势地位。新世纪以来，日本谋求政治大国进程加速，积极参与国际事务，并在国际秩序与经济机制构建上发挥作用，谋求修改和平宪法，突破战后军事限制。尽管其自卫队人数较少，但人均军费极高，武器装备先进，军事实力不容小视。

最后，印度大国崛起进程加快。近年来印度经济增速迅猛，2019年印度GDP已超越法国和英国，位列世界第五。不少西方智库预测，按印度的发展速度，其有望在2034年左右超过日本成为世界第三大经济体。其庞大的人口优势和精通英语的劳动力队伍有望支撑服务业和软件业高度增长。莫迪上台后以谋求印度大国崛起为己任，在内在外均积极进取，大国外交成效显著，地区主导权更趋巩固，“东进西向”更有进展，战略自主性趋于深化。

综上，中、俄、欧、日、印“多强并起”与美国继续保持“一超”地位构成当前国际格局的基本态势。“多强”内部，各主要力量发展分布并不均衡，而是日益呈现“分化”状态。中国在多强中可谓“一枝独秀”，与美国综合实力日渐缩小，但两国与其他大国的实力差距却在扩大，因而有学者认为已形成“两超多强”格局。从经济上看，国际上大多数预测均认为中国经济总量将在未来 5—10 年赶超美国，新冠肺炎疫情将进一步加快中国赶超速度。美国布鲁金斯学会提出：中国是 2020 年全球唯一实现经济正增长的经济体，中国经济有望在 2028 年与美国并驾齐驱，较疫前预计的速度加快 2 年。中国在疫情中体现出卓越实力和治理水平，国际舆论普遍认为中国抗疫表现优于美国。不过，鉴于中国在人均 GDP、生产效率、金融水平、高科技、军事及国际话语权上仍有短板，未来中美竞争将是长期较量。中国不谋求成为“超级大国”，但无疑是“多强”中最强大的一支力量。

与此同时，在中国崛起的背后，是非西方国家群体性崛起的态势。2009 年，美国知名国际问题专家扎卡里亚在《后美国世界》一书中提出："他者的崛起"是继西方崛起、美国崛起后世界第三次权力大转移，世界将进入"后美国时代"。的确，中、俄、印、巴等新兴经济体的整体崛起改写了战后秩序。当前，新兴经济体和发展中国家成为世界经济发展的重要推动力。2016年新兴市场国家和发展中国家对世界经济增长的贡献率高达80%，其中"金砖国家"占全球经济的比重达22.4%。而且，新兴经济体依托达沃斯论坛、G20峰会、金砖峰会等机制，在推动IMF改革、提高投票权、打造独立于美国的货币支付体系方面取得一定成效。特别是新兴经济体也改变了全球战略格局中西方主导的不对称性，如反对美国针对主权国家使用武力、主张通过多边方式解决全球问题、推动世界多极化，以及在反恐、气候变化等问题上加强合作等。

近几年来，受贸易摩擦和美联储加息等影响，一些新兴经济体和发展中国家的金融状况收紧，面临货币贬值、股市下跌、资本外流等压力，经济增速趋缓。印度政府推动就业的计划进程缓慢，国内大规模种族冲突不断；俄罗斯经济转型乏力，过度依赖油气资源拉动增长痼疾难除；巴西、南非政局动荡加剧，经济增长乏力。不过，2019年以中、印等"金砖国家"为代表的新兴经济体对世界经济增长贡献度仍超过一半。新冠肺炎疫情的发生加剧了新兴经济体的"分化"。IMF称，除中国外，不论是发达国家还是新兴经济体，均遭遇不同程度的经济萎缩，预计到

2021年其产出都将低于2019年水平。从长远看，这不会改变国际格局“东升西降”“南升北降”之势。

美国对华战略转向“全面竞争”

自1972年尼克松访华促使中美关系缓和并于1979年建交以来，美国对华一直奉行接触与制约双轨并行政策。冷战后期，出于应对苏联的战略需要，美国视中国为“准盟友”，双方战略合作达到新中国建立以来的最高水平。自20世纪80年代中国开始改革开放后，美国更是支持中国融入国际社会，双方经贸、科技、军事合作全面展开。冷战结束后，美国高度支持经济全球化，中国也开始积极融入国际社会、吸引外资，中美经济相互依存关系逐步建立。在接触思想的指导下，中美始终谋求经济合作、人文和科技交流，在外交和军事领域也建立起相应的对话机制，合作的深度和广度都在深化，至特朗普上台前，中美交流机制有100多个，深入到地方和市一级。

与此同时，美国始终没有放弃对华制约或对冲。安全上，冷战后美国的亚太同盟体系不但没有解散，相反还在加强。到奥巴马时期，随着中国GDP成为世界第二，美国开始抨击中国外交走向“强硬”，其“亚太再平衡”战略应运而生；美国军方还积极打造“空海一体化”作战理念，以应对所谓中国“区域拒止”和“反介入”。中美在东海、南海的分歧也日益上升。经济上，美国尽管将中国拉入世界贸易体系并支持中国加入WTO，但始终批评中国经济体制“缺乏知识产权保护、国有企业主导”，始终不愿赋予中国“市场经济地位”；美国也会阶段性地炒作所谓人民币汇率问题，双方贸易摩擦和相互反制也始终存在。而且，美国动辄利用其强大的经济与金融能力对别国实施制裁，其中也曾因朝核、伊核等问题对华实施制裁。双方在地区经济机制上也有分歧。美国始终主张别国应降低关税、加大市场准入，反对政府补贴，并赋予贸易以劳工、环境标准；而中国则主张包容开放性贸易，反对美国贸易保护。外交上，美国持续限制中国的外交影响。尽管在小布什时期中美针对朝核问题在六方会谈框架下进行了良好的多边合作，奥巴马时期双方在东南亚、非洲、中东也进行过一定程度的合作，但整体而言双方在外交和意识形态领域是缺乏信任的。特别是在奥巴马时期，美国不断在中国周边制约中国的影响力，塑造中国“试图挑战现存体系”的政治话语，中美在第三方形成竞争为主、合作为辅的关系。

从奥巴马第二任期开始，随着中国实力进一步强大、外交更加“积极有为”，美国国内展开对华政策反思。中国开始被定性为一个“有限的修正国家”，即一个对美国主导的体系进行一定程度挑战的国家。但总体而言，奥巴马并没有改变对华竞合并用

< 美国前总统理查德・尼克松1972年2月访华

的两手政策。

特朗普上台后美国的对华政策开始发生根本性逆转。其背后既有结构性原因，也有阶段性原因。从结构性原因看，首先，中美实力对比的变化依然在持续发酵。按照 IMF 的数据，2008 年中国举办奥运会的时候，GDP 总量占美国的 31.28%，美国的经济实力是中国的 3 倍还多。此后每年中美的经济实力都在缩小，至 2016 年底，中国的经济总量占美国的比例为 60.31%。包括 IMF 等国际组织均预测，按照此发展速度，中国 GDP 大约最早在 2025 年、最晚在 2030 年将赶超美国。可以说，从 2010 年中国 GDP 第一次成为“世界老二”开始，美国的担忧到达一个新层次；至特朗普上台，这种担忧正式上升为政策转变。

其次，美国国内长期的执政危机也促成其对华政策转变。冷战结束后，主张政府减少监管、资本自由流动的新自由主义成为美国主导经济思想，经济全球化更加畅行无阻。在此过程中，华尔街金融资本与硅谷高科技企业成为全球化的既得利益者，全球供应链的形成使制造业开始远离美国本土，到亚太等成本低、基础设施发展快的地区投资建厂，美国部分势力认为这成为美国蓝领工人失势、“铁锈带”问题以及国内失业问题的肇始。从 20 世纪 90 年代中期开始，美国等西方国家就掀起反全球化运动，但美国资本利益集团始终是政党选举的重要金主，这使白人中下阶层的利益长期难以得到彰显。与移民相比，这些人在教育、技能上不占优势，难以与全球精英相抗衡，而其对全球化和全球资本的愤怒早在“茶党”崛起和“占领华尔街”运动时期就可窥得一豹。这也是特朗普所代表的右翼民粹主义赢得大选的社会背景。特朗普将中国描述为“偷走美国人工作”的罪魁祸首，将贸易战矛头直指中国；伴随着美国战略界将中国定位为头号对手，民粹主义与战略界在反华问题上合流。

结构性冲突的第三个层面是中美双方不同的制度、意识形态和文化体系。过去，双方均主张扩大合作，聚焦经济发展，意识形态和文化冲突会被压制在一定范围。随着美国定位中国为最大竞争对手，双方的意识形态与文化冲突被放大，甚至成为独立影响中美关系的一个变量。前美国国务院政策规划负责人斯金纳提出中美之间是“文明冲突”，作为“非西方文明”的中国其挑战甚至大于苏联。疫情暴发后，美国政府更强调将中国共产党与中国人民分开，前国务卿蓬佩奥发表类似于冷战“铁幕演说”的言论，强调中国共产党是“自由世界”的敌人。这使中美价值观冲突再次凸显。

从阶段性原因看，特朗普政府有服务其基层选民、兑现竞选承诺的考虑，而把目标对准中国，正好可以释放支持他的白人中下层选民和“铁锈带”州对自身处境的不满。疫情发生与美国的总统大选相互交织，更使特朗普试图利用中国牌赢取选举支持。

特朗普的对华战略竞争，体现为政治、经济、安全、意识形态、全球影响力等各领域的全方位竞争。在经济上，美国以“公平、对等”为幌子，一方面以关税威胁迫使中国签订贸易协定，购买大量美国农产品、能源产品，对美开放市场，并对中国的公有制经济制度施压，打压“中国制造 2025”等占领高科技制高点的努力。另一方面，与中国经济的“脱钩”成为必然选择。美国希望通过“有限脱钩”，一方面维续和扩大美国企业对华投资并占有中国市场，维持中国作为中低端产品的供应链环节或输出国地位；另一方面锁死中国发展高科技制造业的可能性和机会，防止中国企业收购、投资或兼并涉及美国国家安全（包括国防、数字网络等）、国计民生和高科技方面的企业，并将涉及国家安全关键环节的供应链（美国稀土、特殊铝合金、导弹、集成电路等都严重依赖中国）转移回美国或意识形态更为“可靠”的国家和地区。

在安全领域，特朗普以“印太战略”替代“亚太再平衡”，实际上延续了奥巴马重视亚太的做法，但地缘覆盖更广、针对性更强。经过 4 年发展，美国已形成一整套全政府“印太战略”和政策框架；以国安会为主成立跨部门工作组，从安全、经济和治理三方面落实该战略；以“美国优先”为指针，以遏华拓展为目标，综合采用经济、军事、地缘、意识形态等手段，确保美国在“印太”地区的主导地位。美国还强化盟友伙伴网络，增强对华军事威慑力。美国 2018 年《国防战略》称，美军事上强调“维持优势”，以盟友伙伴体系为依托，以“竞争、威慑、获胜”为目标，确保在西太平洋地区军事优势。美国国防部《中国军事与安全发展报告》更强调，美国印太司令部须调整作战优先项目，将应对中国作为核心要务。此外，美国还操弄朝核、台海、南海等热点，加强对华战略钳制。对朝鲜奉行“极限施压加对话”政策，一方面与朝鲜寻求直接对话，另一方面与日本、韩国强化制裁协调并深化美日韩合作。在南海，片面解读国际法、挟持有关东盟国家对中国施压，搅局中国与东盟国家油气合作，抹黑中方与东盟之间的建设性谈判。在台海，不断掏空“一个中国”政策，通过常态化军售、高官互访、供应链合作等，不断坐实美台准同盟关系。

在意识形态领域加强政治划线，凝聚盟友对中国展开政治战。特朗普政府指责中国利用政治、经济、军事及宣传工具，通过孔子学院和统战部门“进行渗透”，针对美国及盟友展开政治战，破坏“民主价值观”。由此，美国、盟友应增强“政策坚韧度”。以华为“受中国政府影响”而存在间谍风险为由，2019 年《国防授权法》全面禁止政府使用华为产品，施压日本、澳大利亚、新西兰乃至欧洲盟友排斥华为，并共同管控先进技术流向中国。除以国内法实施“长臂管辖”外，还要求相关国家在情报收集、宣传等问题上对华构筑统一战线。

新冠肺炎疫情发生后，美国对华进一步向全面对抗转变。双方在病毒起源、责任等问题上不断交恶，此后引发相互限制对方记者之举，两国气氛急转直下，直至 2020 年 5 月特朗普政府出台《美国对中华人民共和国战略方针》，提出过去 20 年来美对华“交往政策”是个错误，必须采取全新方法应对中国的扩张与威胁。此后，随着中国政府将香港国安法提上日程，美国进一步加快对华政策的全面转变。

美国高官的系列讲话勾勒出对华“新冷战”图景。2020 年 7 月，蓬佩奥在尼克松图书馆的讲话被认为是“美中新冷战的宣言”。他对美中接触近 50 年的历史“教训”进行总结，妄称中国是自由世界的最大威胁，自由世界必须团结起来改变中国行为。此前，美国国家安全顾问奥布莱恩、美国联邦调查局局长雷、司法部长巴尔也发表系列讲话，别有用心地渲染中国“有替代美国、改变战后秩序的野心”，其最终目标是“摧毁美国”，由此美国应联合盟友在对抗中国科技战、经济战和信息战方面策划一整套策略，以确保美国获得最后胜利。

美国还多管齐下，加快与中国“脱钩”。特朗普妄称，美国“在各种情况下都保留了与中国完全脱钩的政策选择”。由于美国政府不断炒作所谓“供应链安全”问题，加上美国对华“脱钩”的预期，在华外国企业开始考虑转移在华投资，如苹果、谷歌、微软开始将制造业迁往越南、泰国等东南亚国家，日本将 22 亿美元的企业资产移出中国，韩、台企业也纷纷跟风。美国还推出

“清洁网络”计划，最终目标是令包括美国在内的全世界网络封杀中国公司的产品和技术。

特朗普政府还极力推动建立反华外交统一战线。如推动“五眼联盟”、G7 扩容，策动“跨国议会对华政策联盟”，构建“民主国家联盟”，在全球范围内打造反华同盟，集中在 5G、供应链转移、高科技出口、网络清洁、香港等问题上协调立场，加紧拉拢东盟，并积极打造美日澳印四国同盟。美国还抨击中方搞“虚假信息活动”，呼吁盟友共同抵制。

特朗普执政 4 年，美国各届强化了对华全面竞争的战略共识，在将中国作为最大的竞争对手展开全面竞争并谋求美国最终“胜出”的大方向上，民主党与共和党没有实质性分歧，区别的仅是手法。拜登政府已明确表示，对华将贯彻“战略竞争”总路线，在实践上更重视发挥盟友、国际机制的作用，这与特朗普谋求全球反华统一战线并无二致。拜登政府还强调，不排除对华合作，但也反对“为合作而合作”，要求对话“必须有实质性成果”，这其实与特朗普“以结果为导向”的对华政策区别不大。其对华经济“精准脱钩”的方向也不会改变。如国安顾问沙利文提出：拜登将毫无保留地进行大国“脱钩”，帮助“重塑供应链，以终结对中国的依赖”。在人权及民主化方面，民主党政府对华压力还会增大。

总之，美国对华战略的转变是国际格局变迁与大国博弈到关键阶段的必然结果，须从百年变局的高度看待这一变化及其对中国国家安全的挑战。

全球治理体系的博弈与重构

按照历史规律，国际力量对比的巨大变迁往往伴随着国际秩序的改变，而全球治理规则的改变是国际格局深刻变化的最根本体现。近现代以来，不论是欧洲的威斯特伐利亚体系，还是二战后的雅尔塔体系，抑或是冷战后美国谋求的“单极霸权”体系，都是基于“西方中心主义”，建立在西方主导的利益与价值观之上，体现西方体系的优越性，并在此基础上构建全球治理规则。当前，尽管“一超多强”的格局依然存在，但以中国为首的新兴经济体与发展中国家的崛起加速世界多极化发展，国际力量对比日趋均衡，相应地，全球治理模式也处于新旧交替的“裂解”与“重构”进程中。特别是美国将中国定位为最主要的战略竞争对手，中美在全球治理上的博弈与较量也将长期伴随国际格局变迁的全过程。

从百年变局的高度出发，可从三个层次理解全球治理体系的改变。一是，改变不公正不合理的全球治理体系与扭曲的游戏规则。这并不意味着全面推翻现有治理体系，而是在维护和巩固现

有国际秩序的基础上，推进全球治理体系向着公正合理的方向变革。二是，构建人类命运共同体理念的提出，为世界体系良性演进指明了方向。过去全球治理体系都是以强权政治为基础，既缺乏公正合理性，又难以有效解决和平与发展问题，而中国政府推动构建人类命运共同体，主张不同制度、类型和发展阶段的国家能够增进相互依赖和利益交融，互相提供发展机会，这必将给世界和平、安全、稳定与发展带来更多机遇，使百年大变局按更合理的方式完成旧貌变新颜的历史使命。三是，冷战后美国长期谋求主导“自由主义国际秩序”，特朗普上台后又竭力渲染大国竞争并动辄“毁约”“退群”，大搞单边主义和保护主义，破坏多边贸易体制和全球治理体系，导致地区热点问题持续升温，战略平衡与稳定受到严重威胁。拜登政府虽然提出回到“多边主义”，但服务美国利益的大方向没有改变，国际多边秩序仍是不公正的。以中国为代表的新兴经济体坚定维护多边主义和自由贸易原则，积极推动全球治理体系朝着更加公正合理的方向发展。中国这种追求合作共赢、共建共享的发展新道路，为世界其他国家提供了新选择。

新旧秩序交替绝非是一帆风顺的，其背后是两种体制、道路的博弈与较量。在现有治理体系下谋求增量改革，需要新兴力量一方面增强自身实力，从而有更有力的议价砝码；另一方面也要与美国等西方主导力量寻求合作，实现新旧体系的平稳过渡抑或是共存。

目前的情况是，多个领域的全球治理均处于新旧秩序博弈的僵持中。从国际经济机制看，WTO 正面临前所未有的重大危机。区域贸易协定或自贸协定的发展，如日欧“经济伙伴关系协议”、美欧日“零关税协议”设想、美加墨新贸易协定的达成等，使 WTO 面临被区域贸易协定边缘化的风险。而对于一向被称为 WTO“王冠上的明珠”的争端解决机制，自 2017 年 8 月开始，由于美国阻止该机制法官任命而停摆。美国“改革”WTO 的目的是想按照自身利益进行改造，如改变发展中国家享有的“特殊与差别待遇”，敦促盟友针对第三国“非市场导向的政策和做法”采取共同立场，以防止后者获取竞争优势。未来，西方国家赋予新兴经济体更多话语权，而新兴经济体特别是中国提升“市场经济”话语权，才是长远解决之道。

自2008年金融危机后，G20机制取代G7成为“全球经济治理的首要平台”。以中国为代表的新兴经济体超越美欧，成为拉动世界经济增长的主要引擎，并以G20为平台，在贸易领域达成《全球贸易增长战略》，在金融领域达成《国际金融架构议程》。但近年来发达国家逆全球化与民粹主义兴起，导致G20面临新挑战，其内部也日益划分成G7、金砖国家和中等国家集团等不同的小集团，难以形成集体合力。而全球经济低速增长，也使各国倾向于“多分蛋糕”而非“做大蛋糕”，加上大国竞争成地缘政治主旋律，英国脱欧冲击欧洲乃至全球秩序等，G20全球治理功能萎缩。

无独有偶，国际金融机制也遭遇治理困境。2008年金融危机后，G20取代G7成为全球金融治理核心，新兴经济体影响力逐步增大。随着美元绝对实力的下降，美国对全球金融系统的聚集与协调能力均在下降。在当前的国际金融机制中，美国及西方依然具有无法匹敌的权力。尽管中国增加了国际货币基金组织和世界银行中的配额和投票权，但均非结构性权力的提升；人民币国际化任重道远，还需付出巨大的努力。未来，中国要践行国际金融领域的“中国方案”，需要提出可为国际社会广为接受的全球金融改革议程，提升在国际组织中的制度性权力，这绕不开与美国等西方“守成国”的博弈。

从国际政治多边机制看，变革也困难重重。以联合国为例，长期以来中国高度认同联合国合法性，积极深入推动联合国改革和发展，在维和、发展等领域取得举世瞩目的成就。但作为联合国设计国之一的美国在后冷战时代却对联合国态度复杂，不仅在动武问题上绕过联合国而仰仗北约，而且对联合国维和、缴纳会费等采取消极态度。特朗普上台后，联合国财政危机加剧，“面临 10 年来最严重赤字”。针对“联合国改革”议程，美国与新兴经济体之间的矛盾也在增大。随着大国竞争的上升，安理会决议经常处于僵局，其全球治理能力一再被削弱。

与此同时，国际核不扩散机制也面临挑战。核大国之间利用核导相互博弈的态势明显，为国际社会带来消极示范作用。特朗普上台后，采取更为激进的核导安全观，不仅重提“有限核战争”，而且退出《中导条约》。此后俄罗斯也退出《中导条约》。此外，朝核、伊核问题不断发酵，其背后大国竞争因素使核导问题更加复杂化，也使国际军控体制受到严重挑战。

从国际规则与标准上看，新老之争也在加剧。经贸上，美国的排他性、高标准同中国的开放与包容性形成对照。奥巴马时期，美国就希望通过推动《跨太平洋伙伴关系协定》（TPP）、《跨大西洋贸易和投资伙伴协议》（TTIP）重塑全球贸易规则，以较高贸易门槛将中国排除在外。特朗普上台后更以“公平、互惠”为贸易原则，不仅对华发动贸易战，更在外围迫使相关国家重签自贸协定，以实现“美国优先”，同时也旨在重塑国际贸易规则，打压中国等新兴经济体的生存空间。美国还以“金融可持续性、社会负责任、私人投资主导、透明与开放”等理念为导引，拉拢日本、澳大利亚、新加坡、加拿大、欧盟等，以“基建交易与援助网络”（ITAN）和“蓝点网络”计划实现“高标准基建”目标，试图冲击中国“一带一路”。反观中国，不仅积极推动“一带一路”倡议和亚投行建设，而且力推《区域全面经济伙伴关系协定》与中日韩自贸协定谈判，这种“过程本位”和“结果导向”的发展逻辑与美欧“制度优先”“程序正确”的逻辑形成鲜明对照。在地区治理上，美国以所谓“言论自由、开放社会与市场经济”为旗帜，以“印太透明倡议”、《反海外腐败法》、《全球马格尼斯基人权问责法》等为杠杆，试图迫使地区纳入美国“制度轨道”。而中国则提倡共商、共建、共享的全球治理观，反对为发展设定前提条件，这种务实精神已受到世界广泛欢迎。安全上，美国依靠同盟体系和超强军事实力谋求“以实力求和平”，鼓吹南海“航行自由”，渲染“自由与压迫的国际秩序之争成为美国国家安全的主要威胁”，并将自己树立为“维护合法秩序”的化身，这些伪善面目已削弱其国际与地区声望。拜登上台后以重建美国“民主”与国际机制为旗帜，但其内核并无不同，中美以及大国间的规则博弈将更为激烈。

参 考 文 献

1 [美] 亨利・基辛格:《大外交》，海南出版社 1998 年版。

2 [美] 亨利・基辛格:《世界秩序》，中信出版社 2015 年版。

3 [美] 理查德・哈斯:《失序时代：全球旧秩序的崩溃与新秩序的重塑》，中信出版社 2019 年版。

4 [美] 詹姆斯・多尔蒂、小罗伯特・普法尔茨格拉夫:《争论中的国际关系理论》，世界知识出版社 2003 年版。

5 [美] 伊曼纽尔・沃勒斯坦:《美国实力的衰落》，社会科学文献出版社 2006 年版。

4

第四章

制度探索永远在路上

1989年，正值苏东阵营走向瓦解、冷战行将结束之际，美国日裔学者弗朗西斯·福山在《国家利益》杂志（1989年夏季号）发表了《历史的终结？》一文。该文的主要观点是西方国家奉行的自由民主制度将是“人类意识形态发展的终点和人类最后一种统治形式”，并因此构成了“历史的终结”。如今，福山发现，西方的自由民主制度不仅不能代表“历史的终结”，而且存在难以克服的政治衰败问题。在此背景下，福山在其2014年出版的专著《政治秩序与政治衰败》中，公开谈起美国当前面临的政治衰败问题。

从“历史终结”到政治衰败

“历史终结论”的出笼，正值中东欧各国纷纷放弃社会主义制度之际，因此其迅速在各国政界和学界引起轩然大波，褒扬和批评之声兼有。为此，福山随后不久专门在《国家利益》杂志（1989—1990年冬季号）撰文《对批评的回答》，回应各界对其文章的批评。1992年，在《历史的终结？》一文的基础上，福山推出专著《历史的终结及最后之人》，对其“历史终结论”进行了更加详细的阐释。

面对苏联解体和冷战胜利，整个西方世界陷入了集体狂欢。在此背景下，西方自由主义、保守主义的思想家们罕见地取得共识并一致认定，世界上再也没有比西方民主更好的制度了。当时的西方舆论也大都站在福山一边，对其“历史终结论”赞叹不已。《纽约时报》对《历史的终结及最后之人》一书评论称：“历史的终结”让我全神贯注……福山论述得太雄辩了……他有力而又非常自信地向人们展示这个命题。《华盛顿邮报》评论称：“它令人敬畏……这是一部具有划时代意义的著作……深刻、现实、重要……是对目前全世界的变化及其广度的非常深刻的研究。”

在今天看来，当时的西方显然有些高兴得过头。然而在冷战结束之际，西方世界的集体狂欢以及福山的“历史终结论”并非毫无“根据”，而是基于近代以来西方国家先进的制度设计、强大的物质基础、领先世界的科技、强大的军事实力，以及由此带来的相对于亚非拉国家的综合实力优势和全球称霸，更是基于西方世界经过 40 多年冷战战胜了以苏联为首的社会主义阵营这一重大战略现实。

近代之前，西方仅是全球政治和经济格局中的普通一员，与世界其他地区和国家相比并无显著优势。在后世学者看来，欧洲在进入近代之前所经历的长达约 1000 年的中世纪，是经济停滞、科技落后、战争频繁、民众困苦、思想愚昧的“黑暗时代”。

进入近代之后，从荷兰开始，随后是英国、法国、美国等，欧美主要国家先后经过资产阶级革命走上了资本主义道路。在英国，经过“光荣革命”，英国人通过了旨在限制王权的《权利法案》，确立了君主立宪制、两党制和内阁制，逐步建立起一套完整的资本主义政治制度。在法国，大革命虽有反复，但极大地打击了封建统治阶级的统治，为此后资产阶级的上台奠定了基础。美国的资产阶级革命是以独立战争的形式进行的，不仅推翻了英国的殖民统治，随后以 1787 年宪法的诞生为标志，逐步确立了以三权分立、联邦制等为主要特征的资产阶级政治制度，为资本主义加速发展铺平了道路。

经过资产阶级革命洗礼的上述国家很快展现出巨大的制度优势，主要体现为本国经济的快速发展和综合实力的迅速提升。马克思曾经说过：资产阶级在不到 100 年的统治中创造的生产力，比过去一切时代创造的全部生产力还要多。以英国为例，掌权后的资产阶级一方面大力推动海外贸易和海外扩张，从中积累了巨额的资本；另一方面大力推行“圈地运动”，获得大量的廉价劳动力，推动了工场手工业的发展。同时，为谋求更多利润，资产阶级必然会想方设法提高劳动生产率，工业革命应运而生。于是，工场手工业最发达的棉纺织业，从 18 世纪开始先后出现了“飞梭”“珍妮纺织机”“水力织布机”等先进机器。此后，新的技术创新扩展到其他行业，如采煤、冶金等。伴随着大量新机器的出现和推广，英国、法国、美国等快速进入工业革命时代，随后扩展至欧洲大陆。

从 19 世纪 70 年代开始，美欧主要国家又开始了第二次工业革命。在两次工业革命的推动下，英、法、德、美等西方列强迅速壮大。据统计，“1870—1913 年间，世界工业生产增长了 4 倍多”，“19 世纪末 20 世纪初，资本主义国家工业生产占世界工业生产的 80% 以上。”此后，一战、二战严重削弱了欧洲老牌列强，但美欧在二战后的世界政治经济格局中仍然处于优势地位，是世界范围内最主要的工业化地区。1990 年，依照世界银行、国际货币基金组织、联合国统计署三大国际组织发布的数据

< 伟大的蒸汽时代——伍尔维奇皇家兵工厂

平均值，在世界前十大经济体中，美国及其盟友占据了 8 席，其中前 6 名全部为西方国家，分别为美国、日本、西德、法国、意大利、英国。

除了雄厚的“硬实力”，西方制度的先进性还表现在与其他国家的“较量”过程中。这种优势首先体现为完成工业革命的西方国家相对于亚非拉国家的整体优势。以英国为例，率先完成工业革命的英国占据先发优势，迅速走上对外扩张道路，至 19 世纪末成为称霸全球的“日不落帝国”。据统计，至 1922 年，英国本土加上殖民地，国土面积达到 3300 多万平方公里，约占世界陆地总面积的 1/4。美欧列强的侵略扩张给亚非拉人民带来沉重的灾难，很多国家沦为欧洲列强的殖民地或半殖民地。到 20 世纪初，非洲基本被西方列强瓜分完毕；亚洲一半以上土地沦为殖民地，其余部分除日本外，沦为半殖民地；拉美除了原有殖民地，其余部分名义上维持着独立，实际是依附于英、美等列强的半殖民地。

然而，真正让福山之流欢呼雀跃并得出“历史终结论”的，还是西方国家经过 40 多年努力赢得冷战的胜利。

自共产主义理论诞生起，特别是“十月革命”之后，共产主义意识形态及社会主义国家就成了西方资本主义国家的眼中钉。在苏俄诞生之初，西方列强曾针对苏俄发起联合武装干涉，失败后仍不甘心，通过各种手段对苏联进行围堵和封锁。其后，在纳粹德国崛起和扩张之初，英、法等国又欲祸水东引，妄图借德国之手消灭苏联。最后，面对德日意法西斯的威胁，英、美等国不得不与苏联合作抗敌。但伴随着二战的结束，西方国家又将矛头指向以苏联为首的社会主义阵营。

英国作家乔治·奥威尔在庆祝二战胜利时警告称，一场冷战将很快开始。他在 1945 年 10 月发表的文章《你和原子弹》中写道，冷战是一种“不和平的和平”。1946 年 2 月，美国驻苏联大使馆临时代办乔治·凯南从莫斯科向华盛顿发回一份长电报，对苏联内部状况和对外政策进行了系统分析，认为美国与苏联的长期冲突无法避免，并建议以围堵政策对付苏联。同年 3 月，英国前首相丘吉尔在美国密苏里州富尔顿市的威斯敏斯特学院发表了战后著名演讲《和平砥柱》，也称“铁幕演说”，提出著名的“从波罗的海的什切青，到亚得里亚海的底里雅斯特，一道铁幕已降下，将整个欧洲大陆一分为二”，由此揭开了美苏两大阵营冷战的序幕。

此后，美苏纷纷推出以己为首的军事政治集团，并开始了长达 40 多年的冷战。美国方面，先是 1947 年推出“杜鲁门主义”和“马歇尔计划”，后于 1949 年成立北大西洋公约组织（简称北约），并重新武装西德，让西德加入北约。苏联方面，先是 1947 年建立共产党情报局，1955 年成立华沙条约组织（简称华约）。在此过程中，因 1948 年的“柏林危机”、1962 年的“古巴导弹危机”，以及两国在欧洲、亚洲及第三世界广大地区的战略角逐，美苏关系及东西方两大阵营的关系愈加走向对立和固化。与此同时，美苏两国之间的军备竞赛也不断升级，甚至到了疯狂的地步，导致整个世界都笼罩在战争的阴影之下。但谁也没想到，空前强大的苏联会在美苏争霸赛中突然败下阵来，更不会想到冷战会以戏剧性的方式结束。对于苏联解体的原因，学界有各种各样的观点，但毋庸置疑的是，苏联的内部困境是最重要的原因之一。

1991 年 12 月苏联宣告解体，持续 40 多年的冷战时代正式结束。在此过程中，包括俄罗斯在内的原苏东阵营各国纷纷选择西方道路。与自己对抗了 40 多年的红色政权突然垮台并走上西方道路，显然超出西方大多数战略家的预料，也让西方战略精英们瞬间陷入狂欢。包括福山在内当时的美欧政界和学界普遍认为：西方的自由民主制度在世界范围内赢得胜利，资本主义与社会主义的意识形态之争也以资本主义的完胜而宣告结束。然而，被冷战胜利冲昏了头脑的西方国家政要很快发现，西方的政治经济体制并非他们自己炫耀的那样完美无缺。

事实上，无论是美国还是欧洲，其政治制度的形成、发展和完善都经历了非常漫长的历史过程。最早走上资本主义道路的英国、法国、美国等，虽然名义上最早建立了资本主义制度，确立了资本主义发展模式，但其相关制度的完善和健全绝非一蹴而就的，而是始终在调整改进，至今仍在持续，也远远没有达到完美无缺的地步。

1688 年“光荣革命”后的英国，虽然其王权与以往相比明显削弱，但国王无论在法律还是现实中仍是国家元首，拥有很多权力甚至特权，议会上院的贵族则长期垄断着国家的行政、立法权力。至 19 世纪 30 年代，英国有资格投票的人仍不超过总人口的 3%，可以说是赤裸裸的富人民主。此后，英国的系列政治制度，如责任内阁制、两党制、普选制、文官制的确立和完善，都经历了相当长的历史时期才得以完成。以英国议会上院为例，作为传统的“贵族院”，其从 20 世纪初开始，经过近百年的努力，至 1998 年前后才废除了世袭贵族在上院的特权。此后，英国不断对上院进行改革，使之朝着民主化的方向发展。

再以美国为例，至 1787 年宪法出台之时，美国在选举权方面仍有严重限制，之后才逐步开放给无产白人、非洲裔美国人和妇女，直至 1920 年第 19 条修正案的批准才彻底放开。至于黑人的政治权利，到 20 世纪 60 年代才在法律层面得到解决，但执行层面至今仍难说与白人实现了真正的平等。依照美国非政府组织“人权观察”发布的《2020 年世界人权报告》，美国的种族歧视充斥于美国刑事司法体系的方方面面。报告称，截至 2019 年 11 月中，美国警方 2019 年共枪杀 783 人；在种族已知的被害人中，有 20% 是黑人，但黑人仅占美国总人口的 13%；在警察使用武力、逮捕传唤和路边拦检等方面也存在种族差异。

在种族平等方面，美国虽然名义上讲究“公民在法律面前一律平等”，但事实上迄今仍存在严重的种族不平等。依照美国民调机构皮尤研究中心发布的《2019 年美国种族》报告，在美国废除奴隶制 150 多年后，奴隶制的遗毒仍然深刻影响着非洲裔美国人的社会地位。美国种族歧视系统地反映在贫困率、住房、教育、刑事犯罪率、司法和卫生保健等方方面面。超过 40% 的美国人认为“美国在种族平等方面没有取得足够的进展”，约 58% 的人认为“美国的种族关系十分糟糕”，约 65% 的人表示“近年来美国社会的种族主义言论变得越来越普遍”。76% 的非洲裔和亚裔以及 58% 的拉美裔美国受访者表示，他们曾因种族或族群身份而遭受歧视或受到不公平对待。53% 的受访者表示种族关系正在恶化。73% 的非洲裔、69% 的拉美裔、65% 的亚裔、49% 的白人受访者表示，特朗普政府使种族关系恶化。59% 的受访者认为，白人身份有助于自身在美国取得成功。约 2/3 受访者认为，非洲裔在与执法司法部门打交道时受到歧视。超过半数非洲裔受访者认为“美国不可能实现种族平等”。2020 年 5 月发生的黑人弗洛伊德之死事件，以及由此引发的遍布美国的大规模抗议示威浪潮，表明美国在种族平等方面还有很长的路要走。

直至今日，虽然说大部分西方国家都建立起相对完善的政治制度，但仍然远远没有达到完美无缺的地步，更不可能到达历史的“终结点”。在欧洲，2008 年的金融危机以及 2009 年的欧元区债务危机，让欧洲陷入失落与迷茫。欧洲国家不仅经济长期低迷，还面临难民大量涌入、恐袭频发、民粹主义泛滥、极右翼势力抬头等困局。2010 年的西亚北非局势动荡、2013 年的乌克兰危机更是给欧洲带来巨大冲击，一度高度自信的欧洲发现自身其实并不安全，内部也存在各种分歧和隐患。近来，英国脱欧问题不仅让欧洲一体化进程受到重挫，也引起世人对欧洲模式的质疑。然而，欧洲虽然知道自身出了问题，却找不到药方，或说明知药方何在，却不愿对症下药。究其原因还在欧洲的制度设计上，在选票决定一切的政治制度下，欧盟国家陷入经济危机与政治信任危机的恶性循环；为了选票，执政精英无法真正解决体制不合理的问题；改革无望，又让选民进一步失去对执政者的信心。

在美国，2001 年的“9·11”恐袭、2008 年的金融危机、2016 年以来的党争激化、持续发酵的“通俄门”等无不暴露了“美国模式”所遭遇的困境。经济层面，美国经济近年来总体发展态势虽然不错，但穷人与富人、非白人与白人之间的贫富差距却在不断拉大。国家治理层面，美国政府对市场活动的调控能力和对社会的支持能力显著退化，从而引发政府的监管危机、债务危机和信任危机，继而出现对美国政治体制的担忧。在此背景下，曾一度对西方自由民主体制极度迷恋的福山也谈起美国的“政治衰败”问题，认为美国存在着利益集团政治、政府机构僵化、民众话语权缺失、法院和国会篡夺政府权力、“否决政治”低效和反民主、总统制权责混乱等“政治衰败”问题，也就不足为奇了。

如果只有美国出了问题，可以说美国模式有问题；如果只有欧洲出了问题，可以说欧洲模式有问题。如今，美欧均面临困境，似乎只能归结为一点，就是西方的制度出了问题，或说至少存在很大的不足。那么，西方的各种制度特别是所谓的“自由民主体制”到底怎么了？为什么会让美欧陷入集体困境，且明知问题何在仍找不到出路？

毋庸置疑，在近代西方资产阶级革命和工业革命之后的相当长一段时期，西方资产阶级建立的各种政治和经济制度促进了社会生产力发展，似乎一度成为先进生产力的代表。此后，英、法、美等国不断对自身的制度进行修补和完善，使其日渐成熟，这也是西方国家不因换届选举生乱、能够维护政治和社会基本稳定的重要原因。西方资本主义制度正是因为具有相对先进性，才能够吸引亚非拉诸多国家学习和效仿。从 19 世纪初至今的约 200 年间，大量亚非拉国家选择向西方看齐，走资本主义道路。用亨廷顿的话来说，自近代以来，人类历史上经历了三次“民主化浪潮”，第一波从 19 世纪初到一战后初期，第二波从二战期间至 20 世纪 60 年代初，第三波从 1974 年到冷战后初期。正因如此，一些西方学者曾一度高调宣称“民主制将成为全世界最终的政府形式”。然而，西方当前面临的系列困境，以及部分转型国家遭遇的严重不适甚至动荡战乱表明，西方所推崇的“自由民主制度”不仅有瑕疵，而且存在很多难以克服的顽疾。

然而，被冷战胜利冲昏头脑的少数西方政客和战略精英仍然没有反省。其实，西方的病症并非没有人发现，但是他们不愿意承认自己有病，或即便知道自己有病，也出于选举政治原因而不愿服药。正如一些美国学者所指出的，一人一票的选举民主植根于追求即时满足的消费者文化，如果不进行改革，将出现致命的政治衰败。民主西方可持续的关键是借鉴中国选贤任能的治理经验，建立能够胜任的、在治理时体现长远利益和公共利益的制度。然而，对大部分西方国家而言，中国的制度模式和治理方式是他们无端批判的对象，怎么可能去学习和借鉴？

如果明知有问题还不设法纠正，或因制度原因、意识形态原因无法纠正，就只能坐等悲剧了。只能说，任何制度不管初期有多么先进，都需要不断地进行修补和完善，否则只能落后于时代。西方面临的最大问题是盲目自信、故步自封，缺乏壮士断腕的改革决心，不愿意学习借鉴他国的有益经验，更不愿对自身顽疾对症下药。

盲目照搬西方制度后的反思

近代以来，与西方列强称霸全球相对的是非西方国家的长期不利处境。广大亚非拉国家在西方列强的坚船利炮面前节节败退，最终沦为西方列强的殖民地或半殖民地。面对西方列强的殖民扩张，广大亚非拉国家一方面奋起反抗，极力抵御西方列强的殖民入侵；另一方面，很多国家的仁人志士开始了对富国强兵道路的探索，其中重要的一点是向西方学习。

提到学习西方，大家自然而然会想到鸦片战争后清代著名思想家魏源提出的“师夷长技以制夷”。事实上，不仅是晚清政府，亚非拉地区的许多国家虽然没有提出这样的口号，但大多希望通过向西方学习来救亡图存。如 19 世纪中期的日本，面对西方坚船利炮的冲击，选择了明治维新，在政治、经济、军事、社会、教育等领域全面向西方学习，如法律层面颁布宪法、刑法、民法、商法；政治层面建立帝国议会、废藩置县；经济层面允许土地自由买卖、确立私有财产受法律保护制度等；社会层面废除等级制；教育层面普及义务教育、向西方派遣留学生等；外交层面“脱亚入欧”，结交欧美列强。结果，日本迅速走上富国强兵的道路。再如一战后的土耳其，在凯末尔的带领下掀起了一场以反对西方列强瓜分、维护独立主权和建立民族国家为主要目标的资产阶级革命，并在革命胜利后迅速走上改革之路，在政治、经济、文化、司法、宗教等领域推行系列资产阶级改革，不仅捍卫了土耳其的独立，还推动土耳其走上民族复兴之路。

面对“三千年未有之变局”，中国同样选择向西方学习，最先开始的是洋务运动。晚清的洋务派提出“师夷长技以自强”和“师夷长技以求富”的口号，本着“中学为体、西学为用”的原则，亦尝试向西方学习，主要体现是外交上设置总理各国事务衙门，军事上发展新式军事工业并打造新式军队，经济上发展民用工业，教育方面建立新式学堂并向西方派遣留学生等。洋务运

< 日本明治维新时期，东京音乐学院的学生穿戴上欧洲服饰举行西洋音乐会

动历时 30 余年（1861—1895 年），极大地推动了中国的现代化进程，然而最终难逃失败命运。此后，在甲午战争失败的刺激下，维新派 1898 年在清政府支持下发动戊戌变法，希望通过经济、教育、军事、政治、官僚体制等层面的深入改革，将中国推上君

主立宪和富国强兵的道路。然而，在以慈禧太后为首的保守势力的反弹之下，戊戌变法仅仅推行了 100 多天就告夭折。辛亥革命虽然推翻了帝制，但同样未能彻底解决中国的困局。总之，在中华民族积贫积弱、任人宰割的时期，各种主义和思潮都进行过尝试，资本主义道路没有走通，改良主义、自由主义、社会达尔文主义、无政府主义、实用主义、民粹主义、工团主义等也“你方唱罢我登场”，但都未能解决中国的前途和命运问题。

事实上，在二战结束前，除了日本、土耳其等少数国家，亚非拉地区大多数国家向西方学习之路都充满了坎坷，大多以失败告终。以非洲为例，在二战之前，非洲名义上维持独立的只有 3 个国家，即利比里亚、埃塞俄比亚、埃及，其他均为西方列强的殖民地。二战后，伴随着亚非拉地区民族解放运动的兴起，广大非西方国家在赢得民族解放和国家独立的基础上，才真正走上探索富国强兵道路的征程。在此过程中，有的发展中国家选择向西方看齐，走上资本主义道路，有的选择向苏联看齐，走上社会主义道路。

冷战后，伴随着亨廷顿所推崇的“第三波民主化浪潮”，世界范围内又有许多国家选择了走西方道路。依照亨廷顿的著述，世界范围内的“第三波民主化浪潮”始于 1974 年，即葡萄牙结束独裁政权。在此后的 15 年间，“民主政权在欧洲、亚洲和拉丁美洲大约 30 个国家取代了威权政权”，“其他国家的威权政权则发生大规模的自由化运动。在另外一些国家，推广民主政治的运动获得了力量和合法性”。亨廷顿所说的这一波“民主化”国家中，除了开始的葡萄牙，还包括拉美的厄瓜多尔、秘鲁、玻利维亚、阿根廷、乌拉圭、巴西、洪都拉斯等国，亚洲的印度、土耳其、菲律宾、韩国等国，以及苏东剧变中选择西方道路的独联体国家、中东欧国家。

事实上，冷战的结束并没有中断亨廷顿眼中的“第三波”。在西方国家的威逼利诱下，除了在苏东剧变后选择西方道路的独联体国家、中东欧国家，世界其他地区亦有部分国家选择了西方民主体制，或从西方定性的所谓“威权体制”转向西方道路。以非洲为例，1990 年，在非洲 52 个独立国家中，30 个国家实行一党制，13 个实行多党制，8 个国家禁止政党活动。到 1994 年底，几乎所有非洲国家选择或宣布准备实行多党制。非洲掀起“多党制风潮”有多种原因，其中西方国家的威逼利诱起到推波助澜的作用。是否实行多党制并不能算作是否民主、是否走西方道路的唯一标准，但短短几年时间，非洲几十个国家纷纷选择多党制，可见此波“民主化浪潮”对非洲的影响之大。

进入 21 世纪之后，在西方国家的推动甚至是强力干预下，部分国家告别了曾经的“威权政府”或军政府，走上西方所推崇的“民主道路”。如 2010 年 12 月突尼斯爆发街头运动后，在十几个阿拉伯国家引发连锁反应。包括突尼斯总理本 · 阿里、埃及总统穆巴拉克、利比亚领导人卡扎菲、也门总统萨利赫、阿尔及利亚总统布特弗利卡、苏丹总统巴希尔在内的多个执政几十年的政治强人被赶下台，多国随后举行西式选举或改革。据统计，截至2020年初，该地区共有6个国家发生政权更迭。在独联体地区，包括吉尔吉斯斯坦、乌兹别克斯坦、格鲁吉亚、乌克兰在内的多国近年来发生所谓“颜色革命”，虽然结局不一，但其目标均是通过“街头政治”推翻原先政府，然后走西方道路或倒向西方。

天上不会掉馅饼，盲目跟风大多数情况下不会有好的结果，得到的不仅不是馅饼，反而可能是陷阱。不管主动也好，被动也好，对大多数盲目卷入“第三波”的非西方国家而言，等待它们的不是国家安宁、经济发展和民众生活水平的提升，而是社会动荡和经济停滞，甚至是长期的战乱和国家分崩离析。

在非洲，多党制明显水土不服，新出现的政党不仅没有带来民主，反而成了为本部族、宗教、地区甚至家族谋取私利的工具，结果便是街头政治盛行，社会动荡不安。在20世纪90年代初选择多党制的非洲国家中，只有少数国家实现了平稳过渡，大多数国家因为杂乱无章、急功近利的选举陷入政局动荡，有的国家甚至陷入冲突和内乱，如卢旺达便陷入了种族大屠杀。据联合国统计，在20世纪90年代世界48个最不发达国家中，有33个是非洲国家，其中15个非洲国家面临严重的食品短缺。

在中东，席卷阿拉伯国家的西亚北非局势动荡不仅没有给当地人民带来福祉，反而带来巨大的灾难。政治上，包括伊拉克、叙利亚、利比亚等在内的多个国家陷入政局动荡甚至战乱。经济上，据联合国西亚经济社会委员会（ESCWA）2016 年发布的报告显示，西亚北非局势动荡爆发短短几年时间便给当地国家造成 6000 多亿美元的经济损失。安全方面，长期动荡为极端主义和恐怖主义的崛起创造了“真空”，2014 年崛起的“伊斯兰国”不仅给当地国家和人民带来了无穷的灾难，也对世界安全形势造成重大冲击，至今仍在影响着世界各地的安宁。同时，叙利亚、利比亚乱局引发的难民潮不仅令当地国家和民众深受其害，还成为困扰欧洲各国的巨大难题。

在独联体国家，“颜色革命”不仅没有给吉尔吉斯斯坦、乌兹别克斯坦、格鲁吉亚、乌克兰等国带来福祉，反而带来或大或小的灾难。如乌克兰，2004 年的“橙色革命”以及 2013 年的“乌克兰危机”令其陷入经济衰退和持久动荡。根据世界银行数据，2013 年底爆发危机以来，乌克兰经济各项数据呈现断崖式下滑。2013 年乌克兰 GDP 为 1833 亿美元，2014 年锐减为 1335 亿美元，2018 年跌至 1308 亿美元。乌克兰政策分析与管理研究所所长博特尼克 · 鲁斯兰说，乌克兰民众现在对独立广场的示威活动支持率很低，普遍认为其结果主要是负面的。

对独联体国家而言，对西方模式的危害体会最深的可能还不是这几个发生“颜色革命”的国家，而是俄罗斯。众所周知，俄罗斯在苏联解体之初选择了全面倒向西方，不仅自身在政治、经济、教育等诸多方面照搬照抄西方模式，在外交上也全面扑向西方怀抱。然而，全面学习西方的结果是让俄罗斯在整个20世纪90年代陷入持续衰退。据统计，1990—1995年，俄罗斯经济下降的幅度达38%，超过20世纪30年代美国的经济大萧条时期；工业生产下降了50%，涉及95%的商品门类。同时，西方没有因为俄罗斯走西方道路就在外交和安全方面“放过”它，而是选择了北约和欧盟“双东扩”，利用俄罗斯的虚弱不断对其进行战略打压和挤压。可以说，俄罗斯在付出惨痛代价后，才认识到西方道路并不适合自己，西方也不是俄罗斯的良师益友。

对任何国家而言，盲目照搬照抄他国制度或模式永远没有出路。不容否认，西方的政治制度从诞生至今已有几百年历史，经历了不断纠正和完善的过程，而且部分走资本主义道路的非西方国家，如日本、韩国、新加坡等，的确实现了国家富强、经济繁荣和民众生活水平的提高。对于这些国家的成功，其他非西方国家也在总结和借鉴其成功之道，希望能够复制。如中日甲午战争之后，中国大批热血青年赴日本留学，希望能够复制日本的成功经验。然而，辛亥革命后，中国虽然名义上建立了共和国，但此后30多年一直处在复辟、内战、政变、外敌入侵、极度恶性通货膨胀、高度腐败中，甚至可以说濒临民族存亡边缘。实践证明，并不是所有国家都能像日本那样在短时间内实现富国强兵，也不是所有国家都能通过学习西方而获得成功。韩国、新加坡等国的崛起，也有其独特的历史或地理原因，只能算作少数个案，并不具有普世性。对那些遭遇挫折甚至失败的非西方国家而言，可以肯定的一点教训是，照搬照抄西方民主注定没有出路，不仅不会成功，反而要付出惨痛的代价。前述非洲、中东、独联体地区盲目走西方道路国家的惨痛教训便是例证。

此外，有的国家在学习西方受挫后痛定思痛，选择了自己的道路，不仅摆脱了困境，而且走上国家复兴之路。如普京执政之后的俄罗斯，迅速扭转了 20 世纪 90 年代国家持续衰退的困境，走上复兴之路。再如非洲，20 世纪 90 年代中期之后，非洲大多数国家开始了对“民主化浪潮”的反思，认识到民主建设必须结合非洲实际，不能简单照搬西方民主。不少国家开始立足本国实际和传统，进行循序渐进的改革，将西方多党制本土化、非洲化，有的实行一党主政、多党参政，或多党联合执政，逐步走出动荡和战乱，迎来稳定和发展。

即便是冷战后在向西方学习方面“表现优异”的中东欧国家，近年来也开始了对西方制度和发展模式的反思。匈牙利总理欧尔班 2010 年上台后，开始了对匈牙利的“根本改造”，高举“非自由主义”旗帜，宣称“我们已经放弃了组织社会的自由方式和原则，以及观察世界的自由方式”，“我们在匈牙利建设的新国家是非自由的国家、不自由的国家”，“它不拒绝自由主义的基本原则如自由，但不使这一思想成为国家组织的中心因素，非自由的国家应当包括不同的、特殊的民主方式”。虽然欧尔班的施政理念多遭欧盟诟病，其本人也被反对者描画成“独裁者”“中欧的普京”“欧盟的掘墓人”，但在中东欧地区却不乏吸引力。如波兰法律与公正党领导人雅罗斯瓦夫·卡钦斯基称欧尔班为波兰学习的榜样。捷克前总统瓦茨拉夫·克劳斯表示，数百万理性的欧洲人包括他本人支持匈牙利和欧尔班关于难民危机的勇气可嘉的立场。

针对广大发展中国家在国家制度选择方面所走过的弯路，新加坡《联合早报》曾这样评论道：“人类发展历史上还有一个陷阱，即民主陷阱。西方国家整体上在付出巨大代价之后（内战、复辟、政变、革命），通过渐进的方式还是完成了演变。但更多的发展中国家则在实行民主制度之后，一直在革命、政变等的政治乱局中徘徊，而无法自拔。”

危机应对能力彰显制度优劣

“凡将立国，制度不可不察也。”在中国共产党十九届四中全会第二次全体会议上，习近平总书记明确指出：“制度优势是一个国家的最大优势，制度竞争是国家间最根本的竞争。制度稳则国家稳。”古今中外的无数案例证明了这一点。

西方国家近代以来之所以称雄世界，主要原因在于这些国家经过文艺复兴、宗教改革、新航路开辟之后，率先通过资产阶级革命建立了顺应资本主义经济发展的系列制度。在当时，西方的资本主义制度无疑是先进制度的代表，能够极大地促进西方国家社会生产力的发展、科学技术的进步和综合国力的提升，为其称霸全球奠定了雄厚的经济、技术和军事基础。

与之相对，非西方国家近代以来之所以陷入被动挨打的境地，主要原因是在制度层面因循守旧、墨守成规、封闭僵化，最终落后于时代、落后于西方。以我国为例，我国在人类发展史上曾经长期处于领先地位，自古以来逐步形成一整套包括朝廷制度、郡县制度、土地制度、税赋制度、科举制度、监察制度、军事制度等在内的国家治理体系，为周边国家和民族所学习和模仿。可以说，在近代之前，中国之所以长期领先于世界，制度优势功不可没。然而，在西方纷纷进行资产阶级革命和工业革命的同时，清政府满足于康乾盛世和天朝上国，继续强化封建中央集权，以至于故步自封、闭关锁国，最终遭遇“三千年未有之变局”，成为西方列强竞相侵略和掠夺的对象。对此，马克思曾评论称：“一个人口几乎占人类三分之一的大帝国，不顾时势，安于现状，人为地隔绝于世并因此竭力以天朝尽善尽美的幻想自欺。这样一个帝国注定最后要在一场殊死的决斗中被打垮。”

当今之世，各国的制度和治理模式千差万别，如何才能判断某一制度是否适合本国的国情？如何才能判断某一制度优劣与否？

1992年，邓小平同志在视察南方时针对当时国内改革开放上迈不开步子、不敢闯，以及理论界对改革开放到底姓“资”姓“社”的争论，提出著名的“三个有利于”标准，即“要害是姓‘资’还是姓‘社’的问题。判断的标准，应该主要看是否有利于发展社会主义社会的生产力，是否有利于增强社会主义国家的综合国力，是否有利于提高人民的生活水平”。“三个有利于”针对的是当时的改革开放问题，同样适用于我们今天对于制度问题的思考。即衡量一个制度究竟是好是坏，不应拘泥于这个制度是否符合所谓的普世标准，是否具备多党、三权分立、普选等形式，主要评判标准应是这个制度的实施是否有利于促进所在国社会生产力的发展，是否有利于提高所在国的综合国力，是否有利于提高所在国民众的生活水平。

与此同时，反映某一制度优劣与否的还有其危机应对能力。在人类发展史上，大灾大难多不胜数，其中包括多次影响巨大的重大传染性疾病，如麻疹、天花、鼠疫和流感等。以14世纪发生于欧洲并波及西亚等地的黑死病为例，这场持续长达3个世纪的重大瘟疫，一共夺去7500万至2亿人的生命，仅1348—1350年就导致欧洲约3000万人丧生。这对欧洲的发展是一次巨大打击，黑色也由此成为欧洲人心中不祥或灾难的代名词。再以明朝末年席卷陕、晋、冀等省的鼠疫为例，这场鼠疫在1641—1644年间造成上千万人死亡，导致北京成为“人鬼错杂，日暮人不敢行”的死城。结果当闯王李自成率军打到北京城下时，明朝的帝都已毫无抵抗能力，只能缴械投降。再如发生在1918—1920年间的大流感，在全球范围内共造成至少5亿人感染，约5000万人死亡。即便那些最终幸存下来的患者，也大多落下抑郁、心脏病、精力匮乏等后遗症。

当前，新冠肺炎疫情仍在全球范围内肆虐。在短短一年多时间，全球范围内已累计有1亿多人感染，约250多万人死亡。面对空前严重的疫情，世界各国的认识、反应和应对能力不尽相同。面对疫情，在中国共产党的领导下，中国坚持人民至上和生命至上，以坚定果敢的勇气和坚忍不拔的决心，同时间赛跑、与病魔较量，仅用了1个多月的时间便初步遏制住疫情蔓延的势头，用了2个月的时间将本土每日新增病例控制在个位数以内，用了3个月的时间取得“武汉保卫战”“湖北保卫战”的决定性胜利。伴随着疫情防控形势的好转，中国的经济与社会迅速走向正轨，经济增长率由2020年第一季度的-6.8%恢复至第二季度的3.2%、第三季度的4.9%。反观美国，根据已有资料，在2020年1月23日武汉“封城”时，美国本土仅有1例新冠肺炎确诊病例。应当讲，如果此时美国采取果断措施加以应对，凭借其雄

< 上海东方明珠塔

厚国力，应该能够迅速遏制住疫情蔓延。不幸的是，在此后不到100天时间内，美国新冠肺炎确诊数量迅速增至100万；此后，雪球越滚越大，从100万例增至200万例用时43天，从200万例增至300万例用时28天，从300万例增至400万例、从400万例增至500万例均只用了大约半个月的时间。至2021年2月底，美国累计确诊病例超过2800万，死亡病例超过50万人。受此影响，美国经济遭受重创，失业率居高不下，各类社会矛盾严重激化。中美两相比较，高下立判。

各国应对新冠肺炎疫情的态度、方式和成效，不仅体现了各国间的文化和价值观差异，也真实反映了各国的危机应对能力。危机应对能力的强弱，很大程度上体现了各国制度的优劣。

面对突如其来的疫情，中国领导人统揽全局、果断决策，迅速成立中央应对疫情工作领导小组，建立国务院联防联控机制，同时举全国之力支援湖北和武汉，共协调346支国家医疗队、4万多名医务人员奔赴湖北一线，组织全国460多万个基层党组织冲锋陷阵，400多万名社区工作者在全国65万个城乡社区日夜值守。在物资保障方面，中国一边开足马力扩大防疫物资生产，一边加强统筹协调，将防疫物资调往全国抗疫形势最严峻的湖北，在最短时间内实现了医疗资源和物资供应从紧缺向动态平衡的跨越式提升。正是得益于中国强大的组织动员能力、统筹协调能力、贯彻执行能力，以及善于集中力量办大事、办难事、办急事的独特优势，中国才能迅速取得抗疫斗争的重大胜利。这也充分展现了中国共产党领导和中国社会主义制度的显著优势。

与之相比，美国在本国疫情防控方面反应迟钝。美国领导人起初在提到疫情时，一度轻描淡写地宣称“美国人的风险非常低”，“人们可以像对待流感一样对待新冠病毒”。对此，《纽约时报》评论称，白宫防控疫情行动迟缓，一再错过“可能的关键转折点”，“持续的延误让官员们无法了解疫情规模的真实情况，美国各地政府只能摸黑工作，眼睁睁地看着疫情肆虐”。此后，面对疫情加速蔓延，美国在疫情数据发布、医疗物资保障、应急资源投入、国内各州间的统筹协调等方面也乏善可陈。不仅如此，特朗普政府还不断打压本国的“吹哨人”，如华盛顿大学医学院传染病专家朱海伦医生、“罗斯福”号航母舰长克罗泽尔、生物医学高级研究与开发局（BARDA）前局长里克·布莱特、佛罗里达州卫生部门地理信息系统主管丽贝卡·琼斯等。这些人由于披露美国的疫情、发出警告信息等原因，要么被噤声，要么被解职。《今日美国》载文称：“早在2020年1月3日，美国政府就收到了第一份关于发现新病毒的正式通知。在接下来的几周里，科学家、中情局、流行病学家和国家安全助手纷纷发出警告。但政府公开驳斥新冠病毒威胁，淡化这种危险，并提供虚假信息。”在此过程中，美国联邦政府不仅未能发挥统筹协调作用，还陷入了党派政治。美国两大主要政党出于大选选情需要，就疫情打起了“口水仗”，互相指责和推诿，不仅耽误了疫情防控，还导致美国社会愈加分裂。美联社载文称，在制定应对新冠肺炎疫情的政策上，民主党和共和党陷入激烈辩论，凸显党派分歧的加深，证明了即使大流行病也无法弥合这种不断扩大的政治分歧。

衡量一个国家的制度是否成功、是否优越，一个重要方面就是看其在重大风险挑战面前，能不能号令四面、组织八方共同应对。新冠肺炎疫情发生后各国的表现充分证明，对任何国家和制度而言，危机应对能力才是衡量本国制度是否适合、是否优越的最佳标准，也是最有说服力的标准。

参 考 文 献

1 习近平:《关于坚持和发展中国特色社会主义的几个问题》,《求是》2019年第7期。

2 习近平:《坚持和完善中国特色社会主义制度 推进国家治理体系和治理能力现代化》,《求是》2020年第1期。

3 习近平:《坚持历史唯物主义不断开辟当代中国马克思主义发展新境界》,《求是》2020年第2期。

4 中共中央文献研究室:《邓小平思想年谱(1975—1997)》,中央文献出版社1998年版。

5 詹得雄:《冷眼向洋看世界:西方民主的反思》,辽宁人民出版社2013年版。

6 [美]弗朗西斯·福山著,毛俊杰译:《政治秩序与政治衰败:从工业革命到民主全球化》,广西师范大学出版社2015年版。

7 [美]亨廷顿著,刘军宁译:《第三波:二十世纪末的民主化浪潮》,五南图书出版公司1994年版。

8 [美]尼古拉斯·伯格鲁恩、内森·加德尔斯著,朱新伟等译:《智慧治理:21世纪东西方之间的中庸之道》,格致出版社、上海人民出版社2013年版。

9 宋则行、樊亢:《世界经济史(上)》,经济科学出版社1994年版。

5

第五章

社会矛盾的普遍升级

随着全球资本市场的高度繁荣，“钱生钱”式赚钱比踏踏实实劳动快得多。“迅速致富”的美好表象下，矛盾和冲突的种子生机勃发。2013年，法国经济学家托马斯·皮凯蒂出版了著名的《21世纪资本论》，揭示了资本主义经济发展的必然结果，即资本收益率大于经济增长率导致富者愈富，“世袭资本主义”使资本和贫穷同样代代相传。如今，全球贫富分化程度空前，社会不平等引发的社会矛盾普遍升级，西方各国深受其扰，却苦无良策。

2008年金融危机已过去十多年，西方国家社会各阶层如今的境遇大不相同：资本家们一度瘪掉的钱包重新鼓了起来；曾经的中产阶级有一些因债破产，生活质量不断下降；很多国家的中下层群体规模不断扩大，对社会不公的不满情绪倍增，社会矛盾不断升级，政府再难粉饰太平。

面对“东升西降”的全球大势、难以为继的社会改革困境、纷繁交织的社会乱象，一些国家祭出“偷天换日”的绝招：用突发危机遮掩治理缺陷，用外部威胁转嫁国内不满，用族群冲突混淆阶级矛盾。在此背景下，各国国内的右翼和左翼势力同时崛起，民粹主义和排外主义大行其道，“美国优先”的口号应运而生；暴力犯罪使民众人人自危，甚至以暴制暴；“身份认同”使民众更加关注“我是谁”而非“我要什么”，人类面临新的“文明冲突”危机。

以史为鉴，可知兴替。社会矛盾的普遍升级，反映出 99% 的穷人对 1% 的富人的不满，反映出各国政府面对社会治理难题的束手无策，反映出西方国家自说自话的狭隘视野，反映出形形色色的“身份认同”催发的群体性愤怒。这既是百年变局在社会层面的突出表现，更是我们未来进行社会治理需要引以为戒的前车之鉴。

贫富分化下99%对1%的抗争

2008 年金融危机后，全球贫富分化越来越严重，美国更是重中之重，对社会不满的情绪快速酝酿爆发。2011 年 9 月 17 日，美国爆发了“占领华尔街”抗议活动。活动由加拿大杂志《广告克星》通过网络发起，最初只有几十名年轻人在纽约证券交易所门前“安营扎寨”，看似一群嬉皮士的嘉年华。很快，失业工人、大学生、退伍军人、家庭主妇等纷至沓来，抗议人数迅速壮大，最后将大本营安扎在纽约的祖科蒂公园。“占领华尔街”运动既无明确的运动领袖，也无成文的系统性纲领，最初只被美国政治精英和主流媒体视作一场无关痛痒的闹剧。2011 年 10 月，抗议者们发出更为明确的质问：“占人数 1% 的富翁们占有了美国 99% 的财富，控制了整个国家，令其他 99% 的底层民众难以生存。”令这 99% 的民众尤为不满的是，“华尔街大亨们闯了这么大的祸，政府不但不予以惩罚，还通过新的刺激计划不断给他们送钱”。这一质问振聋发聩，这一不满引起广泛共鸣，这场抗议迅速引起重视。此后一个月，“占领华尔街”运动不仅迅速从纽约蔓延到首都华盛顿特区、波士顿、芝加哥、旧金山、巴尔的摩、奥克兰等全美50多个大城市，还在全世界其他地方引发回响，法国、德国、西班牙、英国、韩国、日本、澳大利亚等国民众纷纷效仿，甚至在意大利首都罗马引发了暴力冲突。

“占领华尔街”运动如今虽已偃旗息鼓，但其背后蕴含的社会结构性矛盾不仅并未缓解，反而愈演愈烈。回头来看，“占领华尔街”运动是2008年金融危机过后，美国民众反思和觉醒的必然产物。它反映的是“99%与1%”之间的矛盾，即日益严重的贫富分化问题。这不仅是那场运动的原因，也是日后美欧民粹主义运动风起云涌的源动力，更揭示了百年变局背后深刻的社会结构变化。

> 美国纽约祖科蒂公园外，『占领华尔街』运动抗议者

几十年来，美国极少数富人的财富迅速累积、急速膨胀的总体趋势得到加强。冷战结束后，美国经济进入一个稳定增长的繁荣周期，然而这一周期的主要动力是金融业的快速发展。1980—2011 年，美国金融业产值占 GDP 的比重从 15% 升至 25%，全美公司利润中的约 40% 是金融利润。由于资本的收益率远高于工资的增长水平，越来越多的人将钱投入泡沫横生的股市，美国传统的家庭财富结构也随之变化。这种高度金融化的经济发展模式使美国社会的贫富分化问题空前突出。1979—2007 年，美国最富有的 1% 人群的收入增长了 18.9 倍，剩下的 99% 的美国人的收入只增长了 1%。

金融危机并未终结这种情况，反而使之愈演愈烈。2009—2013 年，美国收入增长总数的 85.1% 被最富有的 1% 群体攫取，剩余的 99% 的美国人的收入只增长了 0.7%。美国最富有的 3 个人（微软公司联合创始人比尔·盖茨、亚马逊公司创始人杰夫·贝佐斯和伯克希尔·哈撒韦公司 CEO 沃伦·巴菲特）拥有超过 2400 亿美元的财富，相当于美国最贫穷的一半人口（约 1.6 亿人）的财富总和。财富越是聚集到少数人手中，贫困人口就越多。2010 年，美国的贫困率升至 1983 年以来的最高值，达到 15.1%，意味着每 7 个美国公民当中就有 1 个生活在贫困之中；贫困人口数量升至 1958 年来的最高值，达 4620 万人。1967—2018 年，美国的家庭收入基尼系数从 0.397 上升到 0.485，在世界主要发达国家中垫底，甚至不如一些发展中国家。2009—2011 年，美国年收入超过 100 万美元的富人数量增加了 18%，最富有的 1% 人群拥有的财产占全民财富的 42%，最富有的 5% 人群则拥有全民财富的 70%。经济危机中，美国最富裕的 1% 家庭的财富净损幅度为 15.4%，但美国家庭财富的平均损失幅度却高达 36.2%。

中产阶级群体在这一过程中不断萎缩。庞大而稳定的中产阶级是美国经济社会得以良好运转的关键之所在，是国家力量的重要来源。金融危机的到来让美国中产阶级的“幸福泡沫”猝然破裂。他们惊讶地发现，自己没日没夜努力工作的成果最终都成了华尔街巨富们的美酒佳肴和香车豪宅，社会财富分配的严重不公和金融、经济体制中的各种扭曲，对自己生活造成毁灭性打击。抛开通胀等因素，1980—2010 年，美国中产阶级的收入水平基本处于停滞状态。从 20 世纪 70 年代末到 2008 年金融危机爆发前，他们与最富有的 1% 群体的收入的比值从 1/80 下降到 1/650。据美国有线电视新闻网统计，2010 年美国中产阶级的平均年收入为 49445 美元，较 2000 年下降了 7%。工资收入增长缓慢，住房、医疗和教育费用却飞速上涨。一饮一啄间，中产阶级维持原有生活方式的难度越来越大。美国马萨诸塞州联邦参议员、破产问题专家伊丽莎白·沃伦发现，从 20 世纪 90 年代到 2010 年，申请破产的中产家庭的数量上涨了 5 倍，其原因并不是人们普遍认为的奢侈消费增加。恰恰相反，许多中产家庭想在一个日趋不平等的社会里给子女更好的教育，以使自己的孩子们日后也能成为中产阶层，到头来却为了购买优质学区房而负债累累。1971 年，中等收入家庭涵盖 61% 的美国成年人，2011 年这一比例下降了 10 个百分点；中等收入家庭的总收入占全国所有家庭收入的比重从 62% 降至 45%，而低收入家庭的比例则明显上升。2011 年，美国一项针对中产阶级的民调结果显示，中等收入群体中相信下一代人能比他们生活得更好的比例已经缩减至不足 25%。皮尤研究中心的报告显示，2000—2010 年，美国 229 个大都市区中，有 203 个出现了中产阶级占总人口比例下降的情况。中产阶级加速“空心化”，使得美国“橄榄型”的社会结构加速向“金字塔型”转变。

贫富分化加剧、中产阶级萎缩的严重后果，是出现了更加明显的阶级分化和阶层固化。1970—2009 年，生活在中等收入社区的家庭比例从 65% 降至 42%，而生活在富人区和穷人区的家庭比例却翻了一番还多。富裕阶层在经济、文化和地理上与其他阶层渐行渐远，富裕的美国人开始减少对公共机构和服务的资金支持，转而用于自身享乐。由于缺乏有效的医疗保障体系，昂贵的医疗费用使得越来越多没有医疗保险的穷人治不起病，连最基本的生命健康权都无法得到保障。美国经济学家斯蒂格利茨指出：美国社会的阶级分化程度不仅可以根据收入衡量，也可以根据早逝者的数量来衡量。由于教育的市场化程度越来越高，美国一方面大幅削减教育经费，另一方面却不断提高学费，导致接受教育的成本不断攀升，越来越多的穷人因此得不到必要教育。《纽约时报》专栏作家爱德华·多波特指出：美国正把越来越多的穷人抛弃在身后，那些贫困的孩子只能接受日益衰落的公立教育，在入学第一天就被享受私立教育的富裕家庭的孩子甩在身后。更为严重的是，越来越多的富人和穷人分别聚居，两个阶层朝着断裂和隔绝的状态发展。据统计，在美国，穷人家的孩子参加夏令营的比例是 7%，而中产阶级和富人的比例则是 40%。1970 年，能在 24 岁拿到学位证书的美国富人和穷人的比例分别为 40% 和 6%；到 2013 年，这一比例分别变为 77% 和 9%。教育的市场化使人们接受教育的水平与家庭财富挂钩，使教育机会严重不平等，反过来加剧了美国的贫富分化和阶层固化。2009 年出版的《创造一个机会社会》一针见血地指出：在美国，想要通过教育改变自己的地位已经越来越难。如今的美国，贫困的代际传递已经成为普遍现象，美国社会各阶层之间的流动性明显低于其他发达国家。

2013 年出版的《21 世纪资本论》引起较大关注。该书认为，21 世纪的贫富分化已达空前状况，成为当代社会的主要问题；少数富豪掌握越来越多的国家财富，凭借资本控制国家机器，扩大资本的积聚和对大众财富的隐形剥夺，进一步加剧贫富分化；知识和技能带来的财富增加并未使财富不平等的深层结构发生改变。与马克思在《资本论》中所阐释的以革命的方式扭转这种阶级矛盾的逻辑不同，该书作者皮凯蒂提出，贫富分化可以通过税制改革等资本主义自我改良的方式加以扭转。但 1% 群体能够主导实现这种“自我革新”吗？我们或可通过“特朗普现象”获得一点启示。

2016 年，在被各方唱衰的情况下，特朗普意外赢得总统大选，是当年最大的“黑天鹅”。特朗普打着“反建制”旗号，借助底层民众的焦虑与愤怒上台，将自己包装成中下层群体利益的代言人，并扬言要进行“改变美国的革命”。但后来的事实证明，他的一系列做法都是在维护 1% 阶层的利益，使美国的贫富差距进一步拉大。

2017 年 12 月，特朗普政府推出《减税与就业法》，启动自里根政府以来最大规模的减税计划。该法计划将美国企业的税率由 35% 降到 21%，将美国富人的个人所得税税率上限由 39.6% 降到 37%，并取消个人所得税和企业所得税的替代性最低税收；几乎废除房地产遗产税，将遗产税征税起点由 500 万美元提高到 1000 万美元，并计划于 2024 年取消遗产税。这一明显有利富人的减税计划，规模高达 1.5 万亿美元。为压缩政府开支，缓解大规模减税造成的财政赤字压力，特朗普决定拆掉联邦福利计划的“东墙”，如废除奥巴马医改规定的个人必须购买医疗保险，自 2019 年起不再强制购买医疗保险，也不再为约 1300 万人发放补助等。据国会预算办公室评估，此后10年，特朗普的医改计划将再使美国医疗补助开支下降约8800亿美元，失去医保的人数上升至2400万，保费上涨15%—20%。届时，“老弱病残”有病治不起的问题将更加突出。此外，特朗普政府还对诸如食品券、儿童补助等福利项目进行缩减或干脆取消。共和党对此给出的解释是：社会福利使越来越多的美国人不思进取，成天只想着不劳而获，这才是社会的不公平。

特朗普的做法无异于“劫贫飨富”，遭到联合国人权理事会的强烈谴责。该机构在一份调查报告中详细列举了特朗普上任后在加剧美国不平等和贫富差距上的种种“恶行”：为富裕阶层及大公司提供史无前例的高额税收减免和金融支持；通过削减对穷人的福利来弥补政府赤字；大幅度放松金融、环境、健康及安全管制，取消主要有利于中产阶级及穷人的保护政策；企图剥夺2000多万穷人和中产阶级的医疗保险；人为增加获取福利的障碍；对使很多少数族裔陷入贫困或准贫困的结构性种族主义视而不见等。报告的结论是，特朗普的税改进一步加剧了美国的两极分化，使得美国继续成为发达世界中最不平等的社会。

福利是现代社会治理的题中之义，是缓解分配不平衡和贫富分化的重要手段，不断发展和完善的福利体系是检验社会能否良性运行的重要指标之一。但如今，曾以社会福利制度完善自居的西方国家，面对日益凸显的福利社会改革瓶颈，却都陷入了“莫比乌斯环”式的迷惘和挣扎。其中以 2019 年法国爆发的“黄背心”运动最为典型，充分体现了资本主义福利社会改革中无法破除的悖论。

法国“黄背心”

“黄背心”运动的爆发最初是因为民众不满油价持续上涨以及马克龙政府调高燃油税。但是随着不满逐渐被放大，抗议诉求也变为改善中产阶级及底层民众生计、要求马克龙下台等更为宽泛的议题。究其根源，“黄背心”与“占领华尔街”运动既有关联，又有所不同。随着西方国家经济日益金融化和空心化，资本家越来越沉溺于资本游戏，资本对实体经济的支持减弱，导致经济长期竞争力下降，西方传统的“政府—市场—社会”之间的互动关系悄然生变。股市和资本市场繁荣的背后，是实体经济的长期停滞，是社会稳定性的不断弱化，是贫困的代际传递，是社会福利保障的不断透支。由此，民意激愤，裹挟政府，整个国家治理体系进退维谷。“黄背心”运动中最响亮的口号“我们不要面包渣，我们要的是整个面包”，充分反映出这一内涵。

一方面，西方社会福利改革遭遇瓶颈，民众愈发不满。“黄背心”运动的抗议者们给马克龙总统贴上了三个流传甚广的标

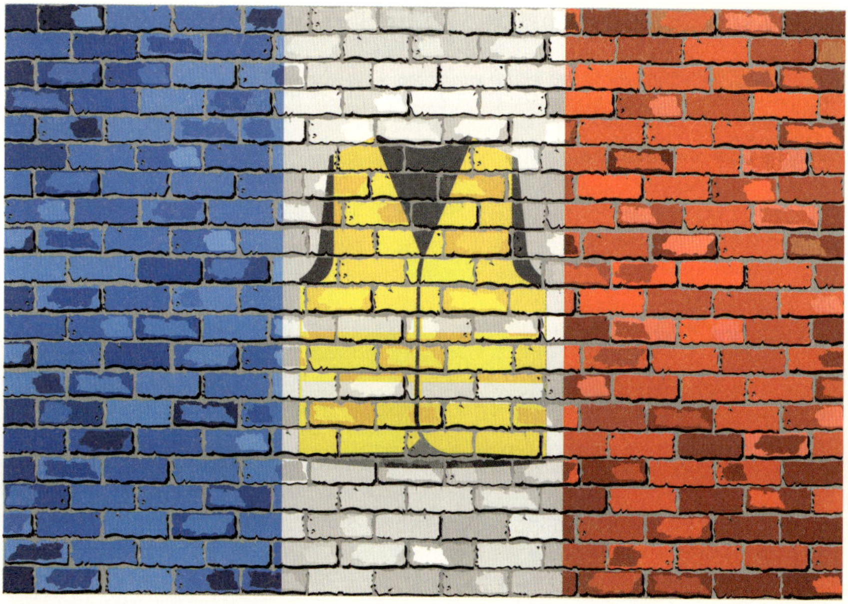

签："富人的总统""金融总统""小偷马克龙"。这三个标语和2016年特朗普在竞选总统时打出的"草根总统""清除华盛顿的腐败者""让权力回到人民手中"等口号异曲同工。它们都反映了在民粹主义浪潮下，西方民众和精英二元对立的社会结构。社会贫富鸿沟的不断扩大，在民众中形成"富人"和"穷人"的对立观念，这种观念反映的是社会阶级分化与阶级矛盾的上升。国家与社会的合理分权以及各种社会力量之间的有效协作是现代国家有效治理的重要基础，然而西方社会不断加剧的分裂和日益对立的二元结构却让西方国家推进国家治理时面临的社会联结困境日趋严重，进一步加剧了对抗式制度体系下的阶层冲突、政治紊乱和社会对峙，使原本可以平衡分配不足、缓解阶级矛盾的社会福利体系丧失功效，甚至适得其反，要抽民脂以飨巨贾，民心岂能不怒？

另一方面，信息化革命使民众的不满被无限放大并呈几何倍数增长。互联网和社交媒体的普及为社会运动提供了新的土壤和工具，这在西亚北非局势动荡中已经有了比较清晰的体现。科技的发展客观上加速了不满情绪和激进思想的传播，为极端观点的滋长提供了技术便利。恐怖主义组织“伊斯兰国”的极端思想传播和全球征募方式便主要依靠互联网和社交媒体工具。美国学者凯斯·桑斯塔在其专著《网络共和国：网络社会中的民主问题》一书中指出：互联网造成的“信息窄化”使持同样观点的人能够非常方便地在网络中频繁沟通，个体持续接受极端立场的影响，最终会从内心深处予以认同。此外，互联网和社交媒体能够高效便捷地将具有不满情绪的孤立个体串联成愤怒的群体，与孤立的个体相比，成为群体一分子之后的个体往往会变得更加激进。正如法国著名社会心理学家古斯塔夫·勒庞所指出的，作为孤立个体的人有自己鲜明的个性，但当个人融入群体之后，个性会被群体湮没，个体思想也会被群体思想取代，变得更加极端和情绪化。“占领华尔街”运动和“黄背心”运动都是志同道合者在互联网上的一拍即合，而非由传统的社团或领袖发起。马克龙曾设想“擒贼先擒王”，欲与“黄背心”运动领袖见面，但却根本找不到，恍然觉察这场运动根本没有领导者，政府没有可以直接对话的对象。抗议活动的参与者虽然多是社会中下层，但是囊括了各类对政府政策、社会现状和生存境况不满意的人群，普通民众只要穿上黄背心就成为运动的一分子，甚至不少极端或暴力分子也混杂其中，导致运动出现了明显的暴力倾向。他们诉求多元、利益多元，不同群体之间的诉求也很难相互融合与协调，运动没有统一的纲领，斗争的目标摇摆不定，导致政府只能通过撤回引发运动的某项特定政策来息事宁人，而事实上民众的愤怒始终未得到真正平息，政府不断陷入“混乱—妥协—再混乱—再妥协”的怪圈，政策日益被民粹主义和愤怒情绪所绑架，而真正意义上的改革或能够从长远解决矛盾的战略性举措却很难被提上日程。

“黄背心”运动因油价和燃油税增加而起，但其背后的愤怒却源于马克龙的改革，暴露出来的问题也是很多高福利国家面临的共同困境。马克龙上台后，推出一系列改革举措，试图减少财政赤字，改变企业被社会福利绑架的状况，如减少住房补贴、精简政府职务、冻结公务员工资上涨、改革养老金制度等，同时通过劳动法改革计划赋予了企业在招聘和解雇方面更大的权力和便利。这些措施是针对法国经济社会的弊病而出台的，顺应了经济发展的一般规律，但因触动了民众的“福利奶酪”而引发众多不满。其改革计划推出以后，多个行业出现了罢工浪潮，2017 年 10 月的大罢工参与人数高达 540 万，影响了社会公共服务的多个领域。马克龙为了平息“黄背心”运动而做出的妥协无异于饮鸩止渴，经历了这场运动的冲击，以改革者形象上台的马克龙的改革动能极大衰减，社会治理的难题只能被无限期地拖延下去。

马克龙的境遇也是很多国家政府面临的“福利社会改革悖论”。经济不景气，传统的福利国家模式难以为继，不改革意味着国家经济与民生问题无法改善，政府迟早会在普遍的批评声中下台；而要坚定地推行改革，必然要有所牺牲，触动某些阶层甚至是全民的“奶酪”，很可能激起民众的强烈不满，甚至导致政府迅速下台。还需要指出的一点是，西方的选举政治加剧了福利社会改革悖论的形成：参选人为了取悦选民，往往会允诺更高的福利、更多的实惠，导致社会福利只能增加，难以削减。选举在某种程度上异化成“福利拍卖会”：开出最多福利支票的人往往更有可能当选。然而，过度依赖福利体系的财富再分配扭曲了劳动力市场，带来了“养懒人”等一系列问题，导致经济活力衰退，并有可能因福利开支超出政府负担而引发严重的财政危机。在法国，超过 1/3 的国民生产总值被用于各种社会福利，法国的外债已经占 GDP 的 99%。然而，类似于“黄背心”运动的社会抗议又使得执政者为顾及眼前利益而放弃长远利益，玩起“击鼓传花”的游戏，谁也不敢“多许少与”，社会福利风险就像滚雪球，一届届政府滚下去。

在国际层面，全球化背景下全球治理和国内治理无法统筹，也是福利社会改革面临的巨大困境。2015年末，《联合国气候变化框架公约》第21次缔约方会议在巴黎召开，近200个缔约方经过艰苦谈判最终达成《巴黎协定》，对全球气候变化治理具有里程碑意义。作为此次会议的东道主国，法国一直是气候变化谈判的积极推动者，也是这一领域全球治理的引领者。马克龙提高燃油税的一个主要初衷是促进节能减排，应对气候变化，落实《巴黎协定》。虽然这为他在国际层面赢得赞许，但法国民众对此并不买账，抗议者们在运动中提出的一句口号是："马克龙关心地球末日，我们关心每月末日"，形象地反映出不同阶层民众在国家事务优先议题上存在的明显分歧，凸显出全球治理和国内治理无法统筹的窘境。特朗普上台的一个背景也是这种窘境的产物，奥巴马一心希望成为全球治理的引领者，但美国的底层民众却希望领导人把国内议程放在首位。因此，虽然特朗普高调倡导"美国优先"，大搞"退群"外交，不惜放弃美国多年经营的国际形象，大力颠覆前任在全球治理领域的成果，却得到国内底层白人的力挺，在2020年总统选举中得到的普选票数创下历史第二的纪录。面对汹涌而来的民粹主义，政府不得不在"自扫门前雪"的国内治理和关注"全球瓦上霜"的全球治理之间小心翼翼地寻求平衡，很多国家的执政者更多出于维护自身权力的考虑而选择了迎合民粹主义，并形成某种"多米诺骨牌效应"，导致全球治理的赤字不断扩大。例如，面对新冠肺炎疫情这一全球公共卫生事件，一些国家仅仅选择对他国关闭国门，对全球共同抗击疫情不管不问，却最终未能逃脱全球疫情蔓延带来的危害，成为社会巨变之下全球治理难题后果的一个缩影。

具有共性的社会冲突乱象

回顾历史，冲突是人类社会不可或缺的组成部分。暴力是早期人类获取资源的一种有效手段，冲突和战争也是人类历史上最为人津津乐道的部分。随着工业文明的崛起和资本主义在全球占据主导地位，政治民主化进程也在全球范围内生根发芽。按理说，政治理念的民主化会不断提高社会治理能力，降低社会冲突的频次和烈度，但事实并非如此。百年变局下，全球范围内，具有共性的社会冲突乱象在各国此起彼伏，社会不稳定性显著上升，其中暴、恐、毒、枪四大问题最为显著，发人深省。

暴——暴力社会运动。暴力社会运动是长年累积的社会矛盾的集中爆发。“冰冻三尺非一日之寒”，通常需要特定事件作为导火索，即“压倒骆驼的最后一根稻草”。那么，这根“稻草”究竟能轻到什么程度呢？答案是：3 毛钱。

2019 年 10 月，智利首都圣地亚哥地铁涨价 30 比索，约合人民币 3 毛钱。就是这 3 毛钱，成为整个智利动乱的导火索。智利民众长期以来对贫富差距不断扩大心存不满，借机集中爆发出来。10 月 14 日，有学生在地铁站抗议，相关视频在社交网络上迅速传播，不少民众纷纷效仿。18 日，上千名学生涌入各地铁站，故意逃票、破坏检票闸机，甚至有抗议者启动地铁紧急刹车、破坏车站公共设施。当晚，一些极端分子趁火打劫，当街纵火，烧毁公车，市中心电力大楼惨遭焚毁。到 19 日，智利全国多座城市出现暴力活动，银行、公交车、地铁站、超市、工厂等都遭到示威民众破坏和纵火。政府实行宵禁并派出防暴警察和军队维持秩序，冲突愈演愈烈。这场由 3 毛钱引发的动乱不但造成多人死伤，也对智利的政治、经济和社会造成严重冲击。

西方发达国家也并非暴力社会运动的绝缘体，欧洲便饱受暴力社会运动困扰。上文提到的法国“黄背心”运动的起因，就是示威者不满油价持续上涨以及马克龙政府调高燃油税。运动以和平抗议示威开始，但迅速演变为暴力的反政府运动。2018 年 11 月首轮抗议活动吸引了逾 30 万民众参加，导致巴黎秩序大乱，部分地区有歹徒趁火打劫。随着规模不断扩大，巴黎的抗议活动随后演变为打砸抢烧，政府出动警力驱散人群。随后 2 个多月，法国境内的暴力活动此起彼伏，警民双方均有死伤。持续不断的抗议使法国深受其害。活动一周年时，在巴黎爆发大规模游行示威活动，示威者与警方爆发暴力冲突。“黄背心”运动不仅在法国境内遍地开花，还蔓延到比利时、荷兰、塞尔维亚、德国、波兰等国，甚至连伊拉克、以色列、约旦和加拿大等国也被波及，充分说明暴力社会运动具有极强的“传染性”。

在自视为“民主榜样”的美国，社会运动的暴力化趋势同样不断增强，不少示威游行最后都演变为暴力冲突。2020 年，在全球新冠肺炎疫情背景下，美国社会积压的愤懑情绪无处发泄，“弗洛伊德之死”成为引爆美国民众心中愤怒与不满的导火索，引发大规模暴力运动。5 月 25 日，明尼苏达州明尼阿波利斯市，手无寸铁的黑人乔治·弗洛伊德因涉嫌使用假钞，被执法的白人警察反扭双臂，以膝抵后颈伏地。弗洛伊德哭嚎至少 8 分钟，最终窒息而亡，其间警察无动于衷。路人录下相关视频并上传网络，舆论大哗，激起民众强烈不满，全美迅速爆发大规模骚乱，并席卷 50 个州。警民对峙演变为打砸抢烧，许多州动用国民警卫队应对骚乱，个别地方民众不得不站在家门前持枪自卫，特朗普本人甚至数次被迫进入白宫地堡避难。美国媒体普遍认为，这是 20 世纪 60 年代“民权运动”以来参与人数最多、规模最大的一次社会骚乱，对美国的政治稳定和国际形象都造成难以挽回的影响，也凸显出美国光鲜繁荣的外表下潜藏的深层次社会矛盾越来越尖锐。

恐——国际恐怖主义。国际恐怖主义已不是新鲜事物，各国历来对其非常重视。联合国早在 1972 年就成立了恐怖主义问题特设委员会，负责研究制裁国际恐怖主义活动的措施；1973 年

> 美国明尼苏达州明尼阿波利斯市，示威者在一家着火的当铺附近聚集

又先后通过了一系列反恐怖主义的公约，得到各国普遍支持。

如今，一提起国际恐怖主义，大家最先想到的当属著名的“9·11”惨案。2001 年 9 月 11 日，四架客机在恐怖分子的劫持下向美国飞去。其中两架先后撞上美国纽约的世贸大厦，另一架撞上五角大楼，还有一架因乘客在机上与歹徒搏斗造成飞机失控而在宾夕法尼亚州坠毁。“9·11”惨案是美国本土遭受的最严重恐袭，罹难者近 3000 人，美国经济损失达 2000 亿美元，对全球经济造成约 1 万亿美元的损失。此后，美国政府和民众恨“恐”入骨、谈“恐”色变，随即展开反恐战争，将矛头对准阿富汗和伊拉克，重创了国际恐怖主义组织。2011 年，美军在巴基斯坦将“基地”组织头目本·拉登击毙，反恐战争获得阶段性胜利，形势似乎一片大好。

凡事都有两面性。反恐战争激怒了极端主义势力。2011 年起，随着美国逐渐从伊拉克撤军，“伊拉克和沙姆伊斯兰国”（ISIS）组织势力不断壮大，通过军事手段夺取了伊拉克和叙利亚的大片土地，2014 年正式更名为“伊斯兰国”（IS），大肆制造恐怖活动，杀烧抢掠，无恶不作，激起全球公愤。美国随即组建国际联盟，联合对其展开围剿打击。经过多方不懈努力，“伊斯兰国”节节败退。到 2019 年春，各国基本收复之前被其强占的领土；10 月，“伊斯兰国”头目巴格达迪在叙利亚被美军击毙，标志着剿灭“伊斯兰国”取得阶段性胜利。“伊斯兰国”虽被打得支离破碎，但仍躲在暗处伺机活动。

恐怖主义活动在全球呈蔓延趋势，多国都受其影响。不但伊拉克、叙利亚和阿富汗等国深受恐怖袭击之害，除美国以外的其他国家也饱受国际恐怖主义的困扰。2003 年 8 月，印度孟买爆炸案造成 50 多人死亡；2004 年 2 月和 8 月，俄罗斯莫斯科发生两起地铁爆炸案，共造成近 60 人死亡；2004 年 3 月，西班牙马德里列车连环爆炸案造成近 200 人死亡；2005 年 7 月，英国伦敦地铁爆炸案死者近百；2007 年 4 月，菲律宾的伊斯兰极端组织“阿布沙耶夫”斩首 7 名人质；2012 年的“班加西事件”造成包括美国驻利比亚大使在内的多人死亡；2015 年 1 月，讽刺漫画杂志《查理周刊》巴黎总部突遭恐袭，致 12 人死亡；2015 年 11 月，巴黎遭遇二战以来最大恐袭，造成 130 人死亡；2016 年 7 月，法国尼斯暴恐分子驾车冲撞人群，致 86 人死亡；凡此种种，不胜枚举。如今，在各国的强力打压下，恐怖主义在全球的蔓延态势得到控制，但国际恐怖主义活动的隐蔽性不容忽视，潜在的危害性仍然很大，是需要各国群策群力解决的问题之一。

毒——跨国有组织犯罪。全球化给国家和地区之间进行商贸活动和文化交流提供了便利，同时也为犯罪分子进行跨国犯罪大开方便之门。2000 年 11 月，联合国大会通过了《联合国打击跨国有组织犯罪公约》，并于其后补充了三项议定书。跨国有组织犯罪主要涉及跨境洗钱、贩卖人口、军火走私、制贩毒品等。其中，危害最大、所涉最广、利润最高、最难打击、最为典型的，当属跨境毒品犯罪。

毒品犯罪虽然非法，但也是一门“营生”，有完整的产业链，同时几乎包含其他跨国有组织犯罪的一切特征。2019 年 6 月，联合国毒品与犯罪办公室发布的《2019 年世界毒品问题报告》指出，2017 年，全球有约 2.71 亿人使用过毒品、58.5 万人因吸毒致死、3500 万人深受毒瘾折磨、140 万人因混用注射器感染艾滋病。面对如此庞大的市场，各路毒枭都想分一杯羹。2017 年，全球范围内可卡因的非法产量接近 2000 吨，同比增加 25%。可见，跨国毒品犯罪的严峻性和复杂性日益增加。

毒品问题还有“入乡随俗”的地域特点。在北美地区，人们以使用芬太尼类药物为主。2017 年，美国因过量使用阿片类药物致死的人数达 4.7 万，同比增加 13%；这一数字在加拿大则是 4000 人，同比增加 33%。在西非、中非和北非，曲马多正变得越来越流行。全球范围内缉获的曲马多，2010 年还不到 10 千克，2013 年激增至近 9 吨，2017 年暴涨到 125 吨。而被一些国家合法化的娱乐用大麻在全球受欢迎程度不减，2017 年有约 1.88 亿人使用过大麻。毒品需求量大，但供给却因各国政府严厉打击而不稳定，于是毒品价格不断走高，导致吸毒者通过犯罪筹集毒资的可能性进一步增加，毒品对贫困群体的危害更加显著。

毒品犯罪带来暴利，其利润远超走私和洗钱等跨境犯罪。毒枭们因此积累了巨额财富，是各国难以根除的毒瘤。以墨西哥为例，该国毒贩数以万计，跨国贩毒集团实力雄厚，几乎垄断了美国的毒品批发市场，有时连正规的政府军队都得避其锋芒。锡那罗亚贩毒集团头目古兹曼手眼通天，两次成功越狱。2019 年 10 月，古兹曼之子奥维迪奥被墨西哥警方抓获，锡那罗亚集团的毒贩们随即与警方在库利亚坎市交火，墨西哥政府最终不敌，被迫释放奥维迪奥。如此“官不敌匪”的闹剧很难想象是在今天上演的，既讽刺，又令人无奈。以毒品犯罪为代表的跨国有组织犯罪力量已经“富可敌国”，需要更多国家共同重视、合力打击。

枪——枪支暴力泛滥。火器的发明使人类的杀戮效率呈几何级数提高。许多国家存在不同程度的军火走私和枪支暴力问题。从全球范围看，美国的枪支暴力问题最为严重，是枪支暴力的“教科书”。过去 10 年间，遭受枪支暴力侵害的美国人达 120 万之众，亲历枪支暴力者数以千万计，几乎每个美国人一生中都会有亲朋好友因枪伤亡。2013—2017 年，全美死于枪击者年均约 3.6 万人，日均近百人，伤者年均逾 10 万。

2017 年美国枪击案死亡人数超过 3.9 万，创下此前 40 年新高。2014—2017 年，美国枪击致死率增幅达 16%。这些血淋淋的数据表明，在美国，枪支带走了众多鲜活的生命。相比之下，据统计，美国自独立战争以来，在战争中的死亡总人数约为 65.8 万，仅是过去 10 年间枪支暴力受害者人数的一半。

美国是枪支暴力泛滥的重灾区，这与其独特的枪支文化和宪法第二修正案中关于公民持枪权的规定密不可分。按照“小型武器调查”机构（SAS）2018年的估算，美国“每百名民众持有的民用枪支数量”超过120支，居全球首位。其他国家和地区也不同程度地受到枪支暴力泛滥的困扰。由于枪支的杀伤力比冷兵器大得多，犯罪分子一旦手中有枪，便会“枪壮坏人胆”，更加肆无忌惮，为害一方；操作不当和枪械故障造成的死伤也越来越多，新闻上不乏“幼童误扣扳机击杀父母”等悲惨报道。正是出于对枪支问题的重视，一些国家采取了极为严格的枪支管制措施，成效显著。如日本和新加坡“每百名民众持有的民用枪支数量”均为0.3，韩国则为0.2，是全球枪支管控的典范。这些较为成功的案例或许能为其他饱受枪支暴力之苦的国家提供一些借鉴和参考。又或许，出于文化或商业利益等方面的考虑，枪支暴力仍将长期困扰一些国家，许多孩子的童年将不再有“鲜花与微笑”，而是与“枪声和子弹”相伴。

总之，社会暴力冲突的形式多种多样，内涵也越来越广。与过去相比，今天的社会冲突，方方面面都发生了较大变化。社交媒体在便利了人们的沟通的同时，使冲突各方更易动员和组织人手，技术的进步和普及导致冲突的危险性越来越高，人员跨境流动的常态化使冲突的参与方和影响范围更加多元复杂，社会治理的缺失和社会矛盾的积聚使冲突的烈度有增无减。这些都对我们所处的这个世界产生着长久且深远的影响。

更为深层的“身份政治”问题

“身份政治”并非新潮概念。人们在日常生活中使用“我们”“你们”“他们”的频率相当高，但很少有人去探寻这些称谓背后的逻辑。人类个体力量有限，很难收集到维持生存所需的全部物资，更难抵御自然灾害和野兽侵扰等危险。为了克服个体力量渺小的弊端，繁衍生息，人类必须进行群体合作，由此组成不同规模的群体。每个人必须成为某个或某些群体的成员，“我们”和“他们”的概念也随之被构建出来，这些概念即为“身份认同标准”，它们既强调群体内部的共性，又突出本群体不同于其他群体的特性。认同标准分为很多层次，一个群体首先是基于亲缘关系形成的家庭或家族，其次依靠共同目标或信仰、排他性认知以及其他标准，形成规模不一的各类群体。在古代社会，活动范围毗邻的群体会争夺土地和资源，爆发冲突甚至战争。在这一过程中，不同的认同标准被构建并固定下来，用以区分各个群体之间的不同。“我们”和“他们”两词虽指代不同，但本质无二。“我们”强调“同”，“他们”强调“异”，二者之间的矛盾既有客观性也有主观性，绝非一成不变。当出现“我们”时，其实强调的是被排除其外的“他们”的存在；当出现“他们”时，则隐含对与其不同的“我们”存在的肯定。二者语义上对立、逻辑上统一，各有侧重。

认同标准本质上是人类出于合作或达到某种排他性目的而构建的概念。全球范围内，美国是认同标准最庞杂的国家之一，也受“身份政治”的影响最大。美国人的认同标准，从宏观到微观，大致可以分为三个层次。

一是制度认同。“自由民主”和资本主义市场经济，是美国人对自身政治和经济制度的基本认同。这个“自由民主”，既包含在《独立宣言》中宣称的人人享有的不言而喻的生命权、自由权和追求幸福的权利，也体现为美国宪法的三权分立、代议制和《权利法案》等内容。这个制度经历了一个漫长的历史过程。美国建国后的一百多年里，黑人、印第安人、女性等群体经过不断抗争，才逐步获得选举权。经过南北战争、形形色色的进步主义运动和罗斯福“新政”，美式资本主义也逐步完善起来。美国人认同这些制度安排，尤其是亲近那些体制相近的所谓“民主国家”，并经常滥用武力和颠覆政权来“输出民主”。这个制度认同，是美国国家认同的重要内容，也是其优越感的主要来源。

二是文化认同。按照美国政治学者塞缪尔·亨廷顿的说法，美国最初的主流文化是白人盎格鲁—萨克逊新教文化，包括英语、基督教新教、法治、个人主义等内容，其核心理念是通过个人奋斗实现成功。建国后美国采取了政教分离原则，为宗教和文化的多元发展提供了可能。随着政治的演进、社会的发展和外来移民纷至沓来，代表不同族裔、宗教和文化背景的群体形成各种亚文化，使美国一度出现文化“熔炉论”和“马赛克论”。20世纪60年代，美国社会经历了大规模、高密度的抗议运动，黑人民权运动、新左派运动、同性恋运动、女权运动、反文化运动等此起彼伏，日益形成多元混杂的文化认同原则。

三是群体认同。多元文化背景下，美国人越来越倾向于按照族裔、信仰、语言、性别、州籍、职业、年龄、性取向等标准结成不同的利益群体。民权运动后，群体认同逐渐成为区分“我们”和“他们”的主要标准。美国特别看重“史上首位”：首位黑人总统、首位女性副总统、首位同性恋部长、首位原住民部长、首位穆斯林议员等。各群体都以此标榜与众不同，彰显自身优越，进而为本群体谋求更大好处。在这里，群体认同成为统一思想、集体行动、发挥影响的重要工具，各群体之间分化组合、争权夺利。

在美国，任何声音、欲望和诉求，只要规模足够，都可能演变为新的认同标准。当人们依照这些认同标准参与政治时，就形成了所谓的“身份政治”。放眼世界其他国家，认同标准的多样化和复杂性也让人咋舌。其中有些认同标准会随着时间的流逝淡化，或在磨合中共存共生。而另外一些认同标准则会伴随与其他群体的互动逐渐强化，群体内部的认同更加巩固，与其他群体的差异化也被放大，并在群体感受到危机时采取行动，群体间的矛盾和对抗应运而生。而某些国家为了转移阶层矛盾的焦点，会刻意突出“身份政治”，将身份认同冲突摆到台前。

“9 · 11”事件后，哈佛大学政治学教授塞缪尔 · 亨廷顿写了一本书，名叫《我们是谁：美国国家特性面临的挑战》，以美国为分析对象，阐述和探讨了“美国特性”的内涵、特点以及面临的挑战与应对选择。放眼世界，目前美国所面临的问题正如书中所述，同时也正在世界其他国家和地区不断上演，引发不少对抗和混乱。其大致呈现三大特征：

第一，“好人”对“坏人”的偏见，加重矛盾与对立。所有故事里都有好人和坏人：尧舜禹是好人，桀纣是坏人；刘备是好人，曹操是坏人；武松是好人，潘金莲是坏人；孙中山是好人，袁世凯是坏人。判定“好人”和“坏人”的标准并不一致，有时站在不同的角度看，这些标准甚至自相矛盾。每个群体都强调自身的优秀和必要性，有意无意地贬低对立面。评判标准滋生不同的身份认同，萌生群体性既定立场，人们难以客观理解事物的全貌和本质，无法理顺世界运转的机理和规律。于是乎，偏见越发严重，对立不断加剧。

“9 · 11”事件之后，极端伊斯兰主义引发恐慌，美国许多人将穆斯林等同于恐怖分子，认为伊斯兰教是恐怖主义滋生的土壤，从而对伊斯兰教和穆斯林产生了偏见和敌意，进而视中东地区的所有人为“圣战”分子，给他们贴上“坏人”的标签，对看起来像穆斯林和操中东口音的人进行抵制、谩骂、贬损，甚至上升到暴力攻击。美国及其盟友以“好人”自居，向“坏人”发动进攻，“坏人”的范围则由美国确定。于是，塔利班和萨达姆政权成为目标，阿富汗和伊拉克历经十余年战乱，山河破碎。美国向他们开战的主要原因是，他们“庇护恐怖分子、持有大规模杀伤性武器、践踏人权”。简言之，塔利班和萨达姆是“坏人”。时过境迁，2020 年 2 月，美国政府与阿富汗塔利班在卡塔尔首都多哈签署和平协议。阿富汗看起来似乎和平可期，但不可否认的是，无辜的民众遭遇的战火蹂躏、生灵涂炭，以及地区稳定受到的冲击，远非一纸协议就能轻易抹平。

实际上，西方对穆斯林的偏见与敌意自古有之。“好人”和“坏人”的定义虽然模糊，但在一些国家，“异教徒是坏人”的理念却延续至今。在不同的话语体系和价值认同指引下，基于偏见划分敌我友，加重了群体间的矛盾和对立，并在极端情况下引发战乱。

第二，“本土”对“外来”的不满，体现为排外情绪高涨。近年来，西方各国的本土主义和排外情绪声势见涨，表现为右翼民粹的崛起。以美国为例，特朗普执政期间，不断收紧移民政策，内外兼顾，软硬齐施，其上任之初闹得满城风雨的“禁穆令”想必大家都记忆犹新。特朗普实际上代表了美国本土主义的诉求：维护盎格鲁—撒克逊的白人新教文化。美国排外情绪的根源在于，移民群体的增加已经导致美国本身的文化特性受到威胁，从语言、文化、宗教到经济、政治，白人不再是社会的绝对优势群体，排外情绪由此而生。

从历史看，最早定居美国的新教徒奠定了美国的文化和认同基础，这一基础能历经数百年不倒，是因为后来的移民都融入这套认同体系之中，这并非所谓的“多元化”，而是美国认同对外来文化有选择吸收后的“同质化”。但随着移民的增多和社会转型，美国真正的“多元化”趋势却越来越明显：越来越多的拉美裔只说西班牙语而不会说也用不着说英语，越来越多的清真寺和穆斯林社区悄然扩张，越来越多的亚裔成为社会精英并身居高位，越来越多的黑人成为社会精英并发展出独特的族群亚文化。此间种种，都冲击了美国的固有身份认同，部分白人开始恐慌，进而仇视这些令美国不再“白”的外来移民。他们渴望美国吸纳移民的范式再次回归有条件的“同质化”，而非真正的“多元化”。

这种排外情绪与所谓的种族主义既有区别，又有联系。欧洲的情况也与之类似。以 2014 年 6 月欧洲议会选举为标志，欧洲多个国家的民族民粹主义政党群体性崛起。这些政党在选举中突出呼应高涨的种族主义、排外主义情绪，并使种族主义、排外主义成为重点话题。从主张“脱欧”的英国独立党，到反移民、反欧盟的老牌政党法国“国民联盟”，以及最新的民粹主义政党意大利“五星运动”等都是如此。典型的案例是法国的“国民联盟”。在2017年的法国总统大选中，“国民联盟”提出要限制穆斯林移民入境人数，把法国的合法移民人数缩减至每年1万人，驱赶在法国居留的无证移民以及受激进思想影响的外籍群体。尽管法国、德国领导人强调要警惕“狭隘的民族主义”，但是波兰、匈牙利、克罗地亚、捷克、奥地利等国的排外情绪和极端民族主义情绪依然高涨。时至今日，全球范围内的排外主义依然大行其道，且有愈发激进之态势。

第三，“绿色”和“工业”相互仇视，引发各国面临艰难抉择。随着全球变暖和极端天气频现，气候变化问题越来越受到人们的重视，各主要国家也积极开展气候变化合作。但归根到底，人类社会发展到今天都是工业进步的结果，工业活动是引发气候变化问题的直接因素。只要人类一天不彻底停止工业活动，就无法彻底解决气候变化问题。气候变化和工业活动对人类而言都十分重要，何去何从需要反复权衡。

近年来，这一过程中崛起一股新的势力——“绿色浪潮”。在2019年的欧洲议会选举中，“绿党欧洲自由联盟党团”表现不俗，席位从50席增加到74席，法国、奥地利、爱尔兰和荷兰等国的绿党都获得10%以上的选票，在德国的得票率更是超过

20%，成为德国在欧洲议会的第二大党。气候变化和环保正成为越来越多欧洲民众的主要认同标准。在美国，“绿色新政”则是2018年当选的民主党联邦众议员、现象级人物亚历山德拉·奥卡西奥-科特兹拿出的改革计划，总的来说，就是要使用绿色能源、减少温室气体、降低工业污染、实现绿色经济。这一想法在美国遭到共和党人和部分民主党人的嘲笑和讥讽。参议院共和党领袖麦康奈尔甚至领导共和党“自导自演”了一场闹剧，先是煞有介事地提案“绿色新政”，又以全党之票否决之，让民主党难堪。总之，“绿色”关注的是气候变化和环保对于人类的重要性，但对大多数国家而言，“传统工业”短期内很难实现完全转型，这当中的利弊难以权衡。“绿色”与“传统工业”的艰难抉择为人们重构生产方式和身份认同提供了契机，未来二者之间或许还会产生更激烈的矛盾。

参考文献

1 ［法］托马斯·皮凯蒂著，巴曙松等译：《21世纪资本论》，中信出版社2014年版。

2 ［美］迈克尔·桑德尔著，曾纪茂译：《民主的不满：美国在寻求一种公共哲学》，江苏人民出版社2008年版。

3 ［美］莱斯特·瑟罗著，周晓钟译：《资本主义的未来》，中国社会科学出版社1998年版。

4 ［德］马克斯·韦伯著，林荣远译：《经济与社会（上卷）》，商务印书馆1997年版。

5 ［美］约翰·朱迪斯著，马霖译：《民粹主义大爆炸：经济大衰退如何改变美国和欧洲政治》，中信出版社2018年版。

6 ［法］古斯塔夫·勒庞著，戴光年译：《乌合之众：大众心理研究》，新世界出版社2010年版。

7 ［美］凯斯·桑斯坦著，黄维明译：《网络共和国：网络社会中的民主问题》，上海人民出版社2003年版。

8 赵鼎新：《社会与政治运动讲义》，社会科学文献出版社2012年版。

6

第六章

大变革时代的思潮之乱

世界正经历百年未有之大变局，在这个大变革和大转型的历史进程中，作为时代变革先声的各类思潮开始风起云涌，特别是民粹主义的兴起，导致“逆全球化”大行其道，猛烈地冲撞并破坏着人们曾经熟悉的世界，国际局势尤其主要大国和地区何去何从备受人们关注。受此影响，美国掉入左右思潮激烈对撞的旋涡难以自拔，曾经引以为傲的两党共识蜕变为双方恶斗的根源，社会因此深度撕裂，对外行为愈发没有章法，“美国是否衰落”再次成为各界争辩热点议题。欧盟则面临是继续“合而为一”并强化“世界一极”的地位，还是退回“分而治之”老路的历史性抉择。俄罗斯则出现以民粹主义和“普京现象”为代表的保守主义两股思潮。“莫迪旋风”得以成势之时，印度的社会和政治问题也愈演愈烈，莫迪能否“再造印度”面临考验。拉美地区则因左右翼民粹思潮互斗而再有迷失发展方向的风险。

思潮为何重要

每个大变革的历史当口一定会有各类思潮争相涌现。它们相互激荡，诱发并猛烈地推动社会变革。那么何谓“思潮”？《现代汉语词典》从社会和个人两个层面进行了定义，前者指“某一时期内在某一阶级或阶层中反映当时社会政治情况而有较大影响的思想潮流”，后者指“接二连三的思想活动”。人们在现实生活中谈及该概念时，虽然也会提及文学、艺术和社会等思潮，但主要指政治思潮。

政治思潮是时代和社会发展的产物，是反映某个阶级、阶层、集团或某部分人在特定时空背景下的利益和要求的意识形态，常和某些政党、政治组织或社会政治运动相联系。它们如海潮般快速流动，有涨有落，或领时代风气之先，或成为时代的反动；要么推动国家和社会从统一走向分裂，要么从分裂走向统一，甚至对世界历史进程产生影响。有学者为此感叹“政治思潮是世界秩序形成的基因”。

在中国历史上，各种思潮最为色彩纷呈的当属春秋战国时代。那时固有诸侯争霸、出将入相，但更让人津津乐道的是诸子百家争鸣的思想盛宴。儒、道、法、墨等诸家学说如满天繁星照耀中华大地，除对当时时局产生影响外，更为绵延数千年的华夏文明打下最重要的思想底色。在西方，特别是欧洲 14—16 世纪的文艺复兴运动，在各种思潮的激荡下，伴随着剧烈的政治和社会经济运动，一举拉开欧洲近代史大幕。其后，宗教改革和启蒙运动进一步推动欧洲与代表黑暗、落后和愚昧的中世纪猛烈切割，成为全球资本主义兴起的滥觞，世界从此进入以欧洲资本主义为中心的时代。

东西方思潮相互激荡而对各自的历史进程产生影响。欧洲启蒙运动兴起的动力之一就是对中国文明的关注，该运动为欧洲资产阶级革命甚至美国的诞生做好了思想准备。自由主义、社会主义、保守主义等西方思潮则深刻地影响了中国的历史进程，特别是马克思主义实现中国化后，指导中国完成新民主主义革命并开展社会主义革命，实现了民族解放，建立了新中国，确立了有中国特色的社会主义制度体系。

二战结束不久，世界崩裂为东西两大阵营，开始了近半个世纪的冷战。双方的核心之争就是资本主义和社会主义两大思潮的较量。但随着苏联解体和苏东阵营瓦解，以美国为首的西方赢得冷战，全球社会主义浪潮暂时跌入低谷，但是“全球化”则成为主流思潮。受益于科技革命和信息交通技术的发展，世界出现被整合为一的态势，以至于人们认为“世界变平变小”而成为“地

球村”。“全球化”从经济蔓延至所有领域，成为引领各国思考未来的主流思潮。本轮全球化虽发端于美国和西方，但是部分新兴经济体受益于此而快速崛起，深刻地改变着世界的政治和经济面貌，客观上对西方构成冲击，刺激了美欧内部“逆全球化”情绪抬头，导致民粹主义思潮开始泛滥。

民粹主义强调特定人群和特定价值的“优越性”，主张“平民至上”或“特定人群优先”、“本国至上”或“本地区至上”和“特定文化优先”，主张把特定人群的价值观和理想极端化，把少数精英、特定族裔或外来文化视作对立面而大肆批判和排斥，视平民化和大众化为所有政治运动和制度的合法来源。民粹主义又分为“左”“右”两派。左翼民粹敌视富人，反资本（反精英）、反自由贸易，要求平等分享社会经济发展成果。右翼民粹则批判建制派并敌视外来族裔，以所谓的民族主义、爱国主义为特征，要求维护本国、本民族的根本利益和文化特征。民粹主义往往出现在一个国家社会矛盾最尖锐和发展方向最不明朗的时期。

受此影响，美国陷入左右思潮对立的旋涡，从全球化的倡导者变为反对者，欧盟则面临是分还是合的挑战，试图寻找新定位的俄罗斯、印度和拉美等国家和地区也被卷入其中。世界因此正经历百年未有之大变局和冷战后最复杂深刻的一次转型，了解当今主要国家和地区的思潮或有助于看清世界的未来走向。

美国：向左还是向右

美国作为世界第一大经济体和霸权国，没有哪个国家像它一样能把自身的烙印镌刻入近百年来的世界历史进程。它为此自诩“山巅之城”和“世界民主的灯塔”，自信制度最优越、文化最先进、军力最强大、对外感召力最强，其他国家要过上好日子就得向它“看齐”，尤其是接受其价值观。冷战结束之初，因为国力和声望达到顶峰，美国认为世界在经历“罗马治下的和平”和

“大不列颠帝国治下的和平”后进入“美国治下的和平”，这代表着“历史的终结”，西方民主制可能是人类社会演化的终点和人类政府的最终形式。然而，如今的美国却因掉入“左”“右”两大思潮的争论旋涡而迷失了方向，导致民粹主义大行其道，一度从“世界的领导者”蜕变为“麻烦制造者”，从全球化的推进者变为最激进的反对者。

“左”和“右”本是方位词，但也是表达两种对立的政治立场、意识形态和政党属性的政治词汇。1789—1791 年法国大革命制宪会议期间，主张激进革命、反对君主制的一派常坐在会场左侧，反对激进革命、主张维护君主制的保守派（保王党）常坐于右侧。该安排虽无意形成，但人们随后就习惯性地把支持革命的称为左派或左翼，把反对革命的称作右派或右翼。一般而言，“左”代表思想进步、通过革命手段实现目标的激进势力，“右”代表思想落后、不愿变化的保守势力。在西方，左派或左翼常指倾向于社会主义思想、追求社会财富公平分配、讲究民主，强调个性化差异、人人平等的社会主张的政治团体和人物。右派或右翼则主张社会财富应该与人的能力相匹配，相信物竞天择，强调人的能力差异，讲究精英政治及特权政治等等。西方虽然党派众多，多数可被归入“左”或“右”之列，少数立场居于其间的就是“温和派”或“中间派”。

在美国，民主党和共和党长期轮流执政，因为选民基础不同，前者较“左”，后者较“右”。两党党争是政治生活常态，即使两党内部也会因政策分歧而有派系之争。对两党而言，最重要的目标都是通过选举赢得执政机会，为此就需要推出能迎合最多选民的政策主张。两党过去都尽量回避双方的主要分歧，也避免采取过左或过右的立场，而主要奉行中间立场，客观上出现了双方政策长期一致的情况，这曾被美国人自豪地称为“两党共识”。

美国作为一个多元化的国家，两党在适度竞争和分歧的同时，在关键问题上有共识有其积极意义。因为竞争和分歧是缓和社会矛盾、解决不同利益群体诉求，甚至修正内外错误政策的重要途径。共识则推动全社会就重大问题形成较一致意见，确保重大政策不因政党更迭而发生巨变，从而保持一定延续性。这也是美国能赢得冷战的重要原因。然而近十几年来，两党共识不断减少，党争日甚一日，以致于民主失能、政治极化，并表现在政治生活的方方面面。如联邦政府“关门”频频发生，甚至总统弹劾间隔期也大幅缩短。美国历史上共有约翰逊（1868 年）、克林顿（1998 年）和特朗普（2020 年和 2021 年）遭到弹劾，但党争使特朗普连遭两次弹劾，由此创造了又一项“美国记录”。

党争和政治极化还让美国同时遭遇内外信用危机。在国内，民众对政府执政的满意度不断走低。民调机构皮尤中心从 1958—2019 年持续跟踪民众对政府的信任度，发现 1964 年达到历史最高点的 77% 后，2019 年已降至 17% 的“历史最低位”。

美式民主甚至整个西方的“优越性”因此在国际社会广遭质疑，“山巅之城”成为当代政治的反面教材。

美国的这些问题被学者称为“美国病”。当下，“美国病”集中表现为美国社会被“左”“右”两种思潮所撕裂，以至各种运动不断，两党共识更难达成，社会凝聚力几无可能产生。其直接原因是美国在“9·11”事件后借口反恐对外征战不断，特别是发动耗时耗财耗力的阿富汗战争和伊拉克战争，招致国力严重损耗，同时在全球化进程中未能及时自我调适，以至于经济结构失衡，发展后劲不足。

贫富差距扩大到 50 年来最高水平是重要原因。国际上常用在代表实现完全平等的 0 和完全不平等的 1 之间浮动的基尼系数衡量收入差距问题，数值越小表明收入差距越小，社会财富分配越合理，社会越稳定。反之，数值越大表明社会分配越不合理，社会越不稳定。1967—2018 年，美国的基尼系数从 0.397 升到 0.485，这是有记录以来的最大值，欧洲各国都未超过 0.38，标志美国成为发达国家中贫富差距最大的国家。社会阶层因此严重分化，长期作为中坚力量的中产阶级萎缩明显，美国社会从稳定的“橄榄型”向不稳定的“哑铃型”转变。“哑铃”两头是为数众多的中上和低收入阶层，中产阶级占总人口比例从 1971 年的 61% 猛降到如今的 50% 左右，不满情绪开始蔓延，“愤怒社会”成为流行词，“愤怒政治”大行其道。这就让“左”“右”两股民粹主义思潮同时找到发力点。

传统上，左翼和右翼思潮都在美国长期存在，但是它们通常是在间隔较长时间后交替出现，鲜有在一个历史时段同时出现的情形。因为上述因素，美国在当下就同时出现分别以“桑德斯主义”和“特朗普主义”为代表的“左”“右”两股民粹主义思潮。它们相互争锋，激烈对垒，已通过 2016 年和 2020 年大选两次交手，搅乱了社会和政治的正常运作，使美国正经历一场深层次的动荡。

第一股是以“桑德斯主义”为代表的左翼民粹思潮。桑德斯，1941 年生于纽约布鲁克林，是在政坛上纵横近半个世纪的特立独行的资深议员，曾做过市长，因参与社会运动多次被捕，也曾创下无党派任职最长联邦众议员的记录，后来当选联邦参议员。他作为美国最知名的左翼政治人物，自称“民主社会主义者”，希望能把美国建设成类似瑞典、芬兰那样的北欧福利国家，是美国历史上首位公开信奉“社会主义”的参议员。他的支持者主要是中下层白人和年轻人，所以又被称为“草根政治家”和“平民主义政治家”。

2015 年 4 月，桑德斯宣布角逐民主党总统候选人提名并参加 2016 年美国大选，为此在当年 11 月才加入民主党，但最终在党内不敌前第一夫人、前国务卿希拉里。希拉里早就被各方看好，可还是险些败给桑德斯，因为他成功掀起一股左翼浪潮，其主张引起各方共鸣。如：最低工资应涨到每小时15美元；政府应提供全民医保，公立大学免学费；给员工以丰厚的福利和待遇；拆分华尔街的大银行；重建基础设施；改革民主党总统候选人提名程序，特别是取消无须经过选举的“超级党代表”，清除“金钱政治”的影响等。他称美国的政治和经济制度已破烂失效，唯有经过“政治革命”才能重回正轨，并创造一个代表所有人而非只代表1%的富人且以公平正义为原则的政府，等等。

这些主张的核心都直指社会贫富差距过大这一问题，特别是引发了正因此面临高昂学费、就业前景差和感到未来无望的年轻人的共鸣。希拉里动用党内力量对桑德斯成功“阻击”，使他功亏一篑，但为争取他的支持者，希拉里在竞选纲领中吸纳了不少上述主张，并称民主党推出了“史上最进步的新党纲（竞选纲领）”。因此桑德斯成功地把左翼理念纳入民主党党纲之中，并在2016年被《时代》周刊评为年度“全球最具影响力人物榜”之首。

第二股就是以“特朗普主义”为代表的右翼民粹思潮。其参与主力是年长的白人保守派共和党选民，他们对失去曾经的社会优越地位感到愤懑和暴怒，认为美国正走向分裂、破产并跌入灾难深渊，怀念“过去的美国”，为此提出改造美国，对富人减税、取消政府对企业的管理限制、改善社会保障、推动医疗保健计划私有化、强化军力，不让美国再做“世界警察”，反对外来移民等主张，本质是要重现并维护白人在美国社会中的全面主导地位。

2016 年大选中，共和党总统候选人、“政治素人”和房地产商特朗普，敏锐觉察到“左”“右”两大思潮的对撞，特别是双方普通民众都对传统精英政治的反感。他一方面贴靠符合其理念的右翼民粹思潮，把“让美国再次伟大”作为竞选口号，自我包装为对现状不满的“愤怒的平民”代言人，赢得保守派尤其白人选民的支持而成为右翼思潮代言人；另一方面，他通过“推特”直面并动员选民，用简短易懂甚至粗俗的语言发表政见，极力把希拉里和民主党塑造为“既得利益者”，刻意夸大美国的衰落，引发保守派选民的共鸣。他掀起一场右翼民粹思潮风暴，在党内初选中一路过关斩将，在与希拉里的对决中更是成功“逆袭”，在输掉普选票的情形下，依靠赢得关键“摇摆州”选举人票入主白宫。

右翼思潮因此暂居上风，可这不等于左翼思潮已经败北。双方较量没有偃旗息鼓，反而更加激烈。特别是特朗普上台后几乎全盘否定前任内外政策。对内，推出有利于富人的“减税”政策，限制外来移民，试图推翻“奥巴马医保”。对外，坚持“美国优先”，“退群”“毁约”不断，奉行单边主义和霸凌主义，即使对盟国也不手软；重提“大国竞争”，对中国发动贸易战后又想发动“新冷战”，极力破坏现有国际秩序。在执政方式上，他

“朝令夕改”，“不确定性”成为其政府最大特点，其本人被国际社会视为最不受欢迎的美国领导人，不信任度高达70%。他没有致力于成为“全民总统”，反而为政治私利一味迎合右翼选民，招致民主党和左翼浪潮的激烈反对。

尽管特朗普如此“离经叛道”，却非常符合右翼民粹的口味。共和党国会议员更是看到追随他的政治好处，对他从不接受逐渐变为认同，导致该党迅速“特朗普化”，支持他成为“政治正确”，不愿追随他的人或“退出”政坛，或在党内被碾压。在本党加持下，虽然面对民主党“逢特必反”，但是他也把总统权力用到极致，甚至引发“总统权力边界在哪儿”的争论，使美国人对美国民主体制更加缺乏信心。“左”“右”两股思潮的矛盾因此被进一步激化，双方壁垒分明，都在为下次对撞积蓄力量，并在2020年大选中再次达到高潮。

2020年大选是美国历史上极不寻常的一次选举。大背景是面对新冠肺炎疫情的全球性大暴发，特朗普为连任刻意淡化疫情，以“反科学”方式误导民众，带头破坏抗疫规定，甚至连分发抗疫物资也按党派划线，导致疫情全面失控，使美国成为在这一百年不遇的疫情中确诊数和死亡数最多的国家，经济也出现衰退。特朗普利用在位优势轻易锁定共和党总统候选人提名，试图通过再次煽动右翼浪潮赢得连任。这些因素导致这次大选一波三折。

民主党方面，党内初选一度涌现20多位参选人，除前副总统拜登外，桑德斯再次参选并掀起新一轮“桑德斯浪潮”。拜登因人脉广泛、履历完整及主张相对“温和”、能最大程度动员选民而最终胜出。桑德斯虽再次出局，但为把特朗普赶下台而迅速向拜登靠拢，号召其支持者通过支持拜登去“击败特朗普”。拜登投桃报李，无论是竞选团队还是竞选纲领都吸纳大量左翼人士和主张，双方融合实现反特朗普力量的最大化。

左翼思潮通过联手民主党而与特朗普和共和党代表的右翼力量再次对决，双方极力动员各自选民，使得全美总投票率近67%，投票选民超过1.5亿，双双创下120年来最高历史记录。拜登最终以获得306张选举人票和超过8100万张普选票获胜，创下当选总统赢得普选票数最高历史记录。特朗普虽然败选，但获得7400多万张选票，也创下在职总统寻求连任最高得票数的记录。

这次选举结果似乎表明左翼扳回一局。可从长远看，特别是在拜登和特朗普同时创下得票数“历史记录”的情形下，就明白双方的对立和裂痕其实是更加走深，彼此的界限更加明确，美国社会被撕裂的程度更是前所未有，大选成为双方矛盾的“放大器”和“催化剂”。特朗普因看到其背后右翼力量基本盘的稳固，所以敢于打破传统，迟迟不承认败选并阻挠与拜登团队的政权交接工作，还试图通过法律等手段“颠覆”大选结果，让美国长期引以为傲的民主选举制成为笑柄。

对当下的美国而言，两大思潮的较量还在继续。拜登虽提出致力于“寻求团结”并“重塑美国的灵魂”，但以“特朗普主义”为代表的右翼思潮不会消失，或许会在 4 年后以更激进的态势卷土重来。美国的政治极化、两党纷争和社会对立只会加剧而不会缓解。一些观察家认为美国正经历另一种形式的“内战”，其结果对美国乃至世界会有何种影响都远未可知。

欧盟:是“合”还是“分”

欧洲是人类文明发源地之一、工业革命的摇篮、很多现代国际理念的发源地，自 1648 年确立威斯特伐利亚体系以来，就从世界偏安一隅登上世界舞台中心达数百年。战争与和平、竞争与合作，犹如戏剧般在欧洲舞台竞相上演，甚至被带到全世界。它曾因作为两次世界大战的策源地而给人类带来灾难，但也推动了世界的现代化进程。正因如此，尤其是经历两次世界大战后，“欧洲一体化”成为欧陆主流思潮。百年宿敌法国和德国一笑泯恩仇，联手推动“欧洲一体化”进程，试图建立“欧洲合众国”，合作也从经济扩展至各个领域，从而出现了人类历史上崭新的国家合作模式、且成员国一度多达 28 个的欧盟。

欧洲的“合”源于长久以来的“统一”梦想。特别是二战后，面临世界裂变为美苏冷战的新态势，欧洲不仅分裂为东西方两大阵营，更成为双方对抗的前线。欧洲的昔日辉煌一去不复返，何去何从成为法德等主要欧洲大国政治家思考的重要问题。“欧洲之父”让·莫内为此提出，欧洲要想在二战后的国际舞台上重现辉煌，就必须走出一条联合自强的道路。这条道路应首先从实现法国和德国的和解开始，需要建立一种能超越两国民族利益的体制，使它们不可能再爆发战争，该建言被当时的法国政府所采纳。

1950 年 5 月，时任法国外长舒曼正式提出“把法国、德国的全部煤钢生产置于一个其他欧洲国家都可参加的高级联营机构的管制之下”，“各成员国间的煤钢流通将立即免除一切关税”的倡议。根据该倡议，法国、联邦德国、意大利、荷兰、比利时和卢森堡六国在经过近一年磋商后于 1951 年 4 月 18 日签订《建立欧洲煤钢共同体条约》，次年 7 月 25 日正式生效。1952 年 8 月，又正式组成超国家的“煤钢联营”最高权力机构，让·莫内担任该机构首任主席。这标志着“欧洲一体化”的起步，“煤钢联营”则成为后来欧共体的前身。

“一体化”由此成为欧洲特别是当时西欧的主要思潮。“联营”六国又陆续建立起煤、钢、铁砂、废铁、合金钢和特种钢的共同市场。“联营”最高权力机构负责协调成员国相关产业的生产、投资、价格、原料分配和内部竞争。1957 年 3 月 25 日，六国又签订《欧洲经济共同体条约》及《欧洲原子能共同体条约》，就在其内部逐步取消关税和贸易限制，协调彼此经济、财政、金融及社会政策，就商品、劳动力、资本自由流动等达成共识。1967 年 7 月，欧共体正式诞生。欧洲经济一体化步伐随之加快，各方又决定建立关税同盟、实行共同的农业政策并建立欧洲货币体系。随着该组织的成功实践，它开始走上吸纳新成员国的道路。1973 年英国、丹麦、爱尔兰加入，1981 年希腊加入，1986 年西班牙、葡萄牙加入。

冷战结束之后，“欧洲一体化”的步伐更是显著加快。1991 年 12 月 11 日，欧共体马斯特里赫特首脑会议通过建立“欧洲经济货币联盟”和“欧洲政治联盟”的《马斯特里赫特条约》，并在 1992 年 2 月 7 日签订，决定设立理事会、委员会、议会。条约在 1993 年 11 月 1 日生效，标志欧盟正式成立，欧共体实现了从经济实体向经济政治实体过渡的目标，还发展出共同外交与安全政策，也加强了司法和内政等事务合作。欧盟作为世界重要一极闪亮登场。

欧盟的对外吸引力因此明显加强，扩容的步伐进一步加快，特别是前苏东阵营的中东欧国家为求发展而纷纷加入。1995 年，奥地利、瑞典和芬兰加入。2004 年，塞浦路斯、匈牙利、捷克、爱沙尼亚、拉脱维亚、立陶宛、马耳他、波兰、斯洛伐克和斯洛文尼亚 10 个中东欧国家加入。2007 年 1 月，罗马尼亚和保加利亚加入。2013年7月1日，克罗地亚加入。至此，欧盟形成由28国组成、领土面积超过453万平方千米、人口总数过5亿的超大型区域合作组织。

“欧洲一体化”为代表的“合”的思潮成为欧洲的主流思潮。这是欧洲面临二战后和冷战期间及其后的世界形势巨变，为解决自身安全和发展问题，适应新的全球政治和经济格局做出的战略选择。这一选择符合当时欧洲的实际情况，维护了其利益，并对东盟等其他区域一体化合作做出一定的示范作用，为世界全球化进程做出独特贡献。

然而，面对当今纷繁复杂的全球环境，特别是以“特朗普主义”为代表的右翼民粹引发的“逆全球化”浪潮，欧盟这一“人类伟大的实验室”也开始遭遇困境，最突出的表现就是英国于2016年6月23日公投通过“脱欧”。英国成为该组织成立以来首个退出的成员国，使“欧洲一体化”进程因此出现“回头浪”，遭到前所未有的打击。这股“离心力”使欧盟走到了历史的十字路口，面临要继续“合”还是开始“分”的抉择。

英国作为曾经的“日不落帝国”，因为孤悬欧洲大陆之外而有深刻的“欧洲例外论”的地理和心理传统。它利用这种地缘政治优势曾长期奉行“均势”政策，通过发挥“离岸平衡手”作用而选择性地参与欧洲大陆纷争，争取自身利益最大化，为此得以建立历史上最大的殖民帝国并一度高居世界霸权最顶端。二战后，与整个欧洲的命运一样，“日不落帝国”遭到削弱，殖民帝国分崩离析，美国和苏联则成为世界政治主导国家。为维护其国际地位，英国在积极与美国建立特殊关系的同时，密切关注“欧洲一体化”进程。它在“煤钢联营”成立之初虽然拒绝了六国递过来的橄榄枝，但经过观望后还是从 1960 年起申请加入欧共体，最终历经波折而在 1973 年成为其中一员。

虽然如此，英国对“欧洲一体化”始终“半信半疑”和“若即若离”，其国内也对“欧洲一体化”始终存有巨大分歧，“留欧”还是“脱欧”的争论从未中断，一些领导人要么借此上位，要么被迫黯然下台。欧盟虽把欧元作为统一货币，成立欧洲央行，统一使用“申根签证”，但是英国坚持使用本国货币英镑，拒绝加入“欧元区”和“申根区”。英国与欧盟经常不同步导致双方互生心结。欧盟一些国家认为英国就是想从欧洲单一经济贸易中分一杯羹，“自私自利和贪便宜”。英国则有不少人认为加入欧洲一体化“上当了”，“脱欧”声音始终存在，甚至在其成为欧共体一员之后不久的 1975 年就首次公投是否“脱欧”，但因为 67.2% 的民众选择“留欧”而未能过关。

进入 21 世纪特别是第二个十年后，随着世界百年未有之大变局渐次铺开，英国和欧盟在一些重大问题上的分歧更加明显，双方矛盾上升。首当其冲的就是围绕应对债务危机产生矛盾。2009 年 12 月，出现了始于希腊并扩展到其他欧盟国家的债务危

机，导致欧元下跌，股市暴挫，整个欧元区面对成立以来最严峻的考验。欧盟在应对危机过程中不断扩大对成员国政治决策的干预力度，引发了本来就对欧盟心有疑虑的英国的担忧，担心其主权会被进一步损害。双方就此产生的分歧触发了英国开始迈出“脱欧”步伐。

但是，真正坚定英国“脱欧”决心的是对欧盟应对难民危机的不满。2010 年底西亚北非局势动荡后，叙利亚等国的难民为躲避战火涌入欧盟，形成一股持续时间长、规模大的难民潮。欧盟因此面临巨大的社会、经济和财政压力，还陷入了需在人道主义、维护边界和国家安全、维持原有“生活方式”等之间做出选择的道德危机陷阱。为应对危机，欧盟采取了向成员国“摊派”的方式，英国也被要求提供财政等支持。英国因孤悬欧陆之外而非此次难民潮的主要目的地，自然认为这“不公”。在此之前，欧盟欠发达成员国的移民已利用欧盟这个通道不断涌入英国，虽然补充了当地劳动力的不足，但也相应带来一些社会福利甚至是治安问题，已经使当地一些民众形成狭隘的仇外心理。

英国右翼民粹主义势力趁机成功煽动起民众对欧盟的仇视心理。英国独立党等右翼民粹政党与右翼媒体相互配合，大肆宣扬英国只有“脱欧”才能应对移民问题并重新彻底掌握主权，抨击“来自欧盟不受限制的移民正在压低工资，给学校教育与国民健康服务体系造成压力”，呼吁选民要与“跨国公司和大型商业银行做斗争”等。它们以主权、移民和欧盟效率低等为切入点，成功吸引了英国民众的注意并产生深度共鸣。2015 年 6—10 月，随着难民危机愈演愈烈，英国民众对“留欧”的支持率从 61% 陡降到 52%，“脱欧”已经具备民意基础。

最后，时任英国首相卡梅伦的“政治赌博”也促成英国“脱欧”。2010 年，卡梅伦出任首相并由其所在的保守党和自由民主党组成联合政府。保守党内存在“亲欧”和“疑欧”两股势力，“疑欧”派在该党内部势力强大。一些保守党议员在卡梅伦出任首相次年就公开联署要求举行“脱欧”公投，甚至为此举行大游行。卡梅伦要在 2015 年大选前平稳执政，获得这部分保守党人的支持就至关重要，为安抚党内这股反欧盟的势力，他在 2013 年做出 2015 年成功连任后将在 2016 年举行“脱欧”公投的承诺。

2015 年卡梅伦如愿连任，进入 2016 年后他就需要兑现其承诺。这一年，英国的“亲欧”和“脱欧”势力都开动宣传机器。“亲欧”派告诉民众留在欧盟好处多多，欧盟是英国最重要的贸易伙伴，无论出口还是进口贸易所占比例都接近 50%。卡梅伦本人也一再警告“脱欧”会给英国产生负面后果，如苏格兰可能独立而导致国家分裂等等。“脱欧”派则与右翼民粹势力共同利用难民危机极力煽动恐慌情绪，扬言不“脱欧”就会让失控的难民涌入更多。两派对立随着公投日期的临近达到顶点，一名主张

“留欧”的英国工党议员因此被刺杀，刺客作案时高呼“英国优先”。6月23日是公投日，51.9%的民众以微弱多数赞成“脱欧”，主张“留欧”的票数则为48.1%，英国终于实质性迈出与欧盟分手的关键一步。

“公投”结果公布后，卡梅伦随即辞去首相职务。英国作为欧盟第二大经济体，这一决定对欧盟的伤害显而易见。但是伤害不止于此，因为有了英国这个“先例”，一些其他成员国内部主张“脱欧”的右翼民粹势力也纷纷跳出来。如法国右翼领导人勒庞就称若她有朝一日能够主政，也将在法国举行“脱欧”公投，持类似态度的还有德国和荷兰等国的右翼政客。当时正谋求共和党总统候选人提名的特朗普也为英国此举“背书”，称“这是一件大好事”，“英国人民宣布从欧盟独立，投票重新获得了自己对政治、边境和经济的控制”，“特朗普政府承诺将加强与自由独立的英国之间的关系”。

据事后统计，这次公投年龄在45岁以下的民众大多主张“留欧”，其中最“亲欧”的是18—24岁的年轻人，占比高达73%。而那些主张“脱欧”的人中超过40%的都在65岁以上，高龄投票者的数量远超过年轻人。这些高龄民众认为他们被全球化和欧洲区域一体化浪潮“牺牲”和“抛弃”了，希望通过“脱欧”改变现状，甚至重现英国昔日辉煌。这与大西洋对岸美国的右翼民粹思潮何其相似。

时至今日，欧盟中虽然暂时没有其他国家也像英国那样就是否“脱欧”而举行公投，英国与欧盟的“分手”更是耗费数年时光，但是以右翼民粹思潮为代表的主张“分”的势力在各国不断增长，加之新冠肺炎疫情对“欧洲一体化”的影响还远未可知，所以欧盟始终面临“合”还是“分”的内部挑战。

后发国家：“学习”还是“自主”

全球化进程开启后，亚洲、中东欧、拉美和非洲的广大发展中国家为实现现代化都积极投入其中，希望由此实现民富国强。它们为此纷纷推动国家转型，然而经过数十年的努力，有些获得成功，如以中国为代表的新兴经济体，有些国家则因“转型”失败而掉入各种“陷阱”，被迫面对由此带来的诸多问题，甚至成为地区动荡的根源或大国的博弈场，由此陷入“发展的迷思”。

从思潮的角度看，后发国家在追求现代化的过程中，因为历史环境和条件的限制，学习或模仿的对象主要是西方发达国家。在西方的推动下，它们一度仿效美欧的“民主化”，经济上追随甚至全盘接受西方新自由主义理念，大力推行私有化，减少政府对市场的干预等。但是，随着一些国家“转型”和“学习”失败，加上西方也遭遇发展问题，资本主义民主弊端凸显，促使它们以更客观的态度审视西方，在此过程中一些有本国特色的思潮开始涌现出来。

例如，俄罗斯同时出现了民粹主义和以“普京主义”为代表的保守主义两种思潮。作为苏联衣钵的继承国，俄罗斯在冷战后有过一段痛苦的历史，曾经一度全盘接受西方提供的以新自由主义理念为内核的“休克疗法”，政治上施行西方“三权分立”体制，实行总统直选和舆论自由，也一度被西方“接纳”，而使七国集团（G7）扩容为八国集团（G8）。但是，这些都未能让俄罗斯真正实现“转型”和如愿“融入”西方社会，反而导致政治和经济乱局。虽然俄罗斯仍是世界上军力最强大的国家之一，国际影响力却不断下降。

美国也未因苏联解体而放松对俄罗斯的警惕和打压，反而是不断联合欧洲盟国通过北约“东扩”等方式抵近其战略腹地，甚至多次策动“颜色革命”。这些都引发双方持久博弈，导致战略互信严重缺失，紧张关系不断升级。面对此态势，俄罗斯民众对西方的态度发生巨大转变，对西方“幻想”破灭后开始出现民粹主义思潮。“反西方”“反建制”“反腐败”“反移民”等是该思潮的流行口号。民粹势力把俄罗斯所有问题的根源都归结于美国和西方的打压制裁。“俄罗斯民族统一党”和黑社会性质的“光头党”等极端民粹团体随之兴起，主张“俄罗斯是俄罗斯人的俄罗斯”“白人至上”，对外来移民甚至是本国少数族裔持敌对态度。

从参与群体看，大城市和发达地区的中产阶级是主力。他们对现状不满，要求政治改革，为此不断寻机游行示威。他们的压力促使当局实施一系列改革，如简化政党登记制度、变更杜马选举制度、恢复州长直选制度等。

俄罗斯出现民粹主义思潮是多种原因导致的。除与西方交锋这一重要原因外，自由主义在苏联末期开始盛行也是重要因素。尽管自由主义改革失败，但是西方的市场经济、人权、民主和自由等理念却在俄罗斯获得市场，苏联时代的集体主义精神反遭抛弃。普通民众更愿把个人价值和利益置于集体利益之上。曾有民调显示，越是年轻的群体越不愿为实现国家的目标去牺牲个人的幸福或利益。因此，捍卫个人的政治或经济权利就成为当代俄罗斯民粹主义运动的直接出发点，由此导致各类抗议活动出现，对正常的社会生活秩序构成严重干扰。

除民粹主义外，保守主义是对当今俄罗斯有着更大影响的一个思潮，其主要推动者是现任总统普京和执政的统一俄罗斯党。统一俄罗斯党把保守主义写入党章，让其成为俄罗斯官方指导思想和意识形态。该思潮的历史基础是俄罗斯在苏联解体后对国家变革历程的反思与总结，是对当下俄罗斯独特发展模式的确认。此外，应对西方对俄罗斯政权的颠覆活动这一政治挑战也是催生该思潮出现的因素。

保守主义反映了俄罗斯对当代世界的基本看法，反西方是其基本特征，对外部世界也有更明确的针对性。它建立在强烈的反西方情绪基础之上，核心主张都是以西方的思想和政策为靶标。例如：针对源自西方并威胁俄罗斯政权稳定的“颜色革命”，强调要重视“稳定”；为反对从包容同性恋到淡化主权意识、信息自由化、跨国治理等西方自由主义偏好而强调有原则的“包容”；针对西方在国际上对俄罗斯采取的“边缘化”行动而强调“大国梦想”。该主义还认为苏联解体是西方的阴谋和欺骗所致，经济衰退也是西方制裁的结果等。保守主义成为反西方和爱国主义的结合体，以此激发民众对传统价值观的认同，进而支持现政权。

为实现上述目标，俄罗斯对外突出强调以下几个方面：修正冷战后自由主义对俄罗斯传统思想和生活方式的冲击；修正试图成为所有国家治理模式的“华盛顿共识”；修正西方国家主导国际事务、侵蚀国家主权等行为。俄罗斯为此“惩罚”格鲁吉亚、兼并克里米亚、出兵叙利亚，甚至把在奥运会上获得更多金牌也视为对西方的反击。这种思潮认为，对西方的反击越强烈，保守主义的主张和政权的合法性也就越稳固。

当下，保守主义思潮在俄罗斯集中表现为“普京主义”。普京自 2000 年起已四次当选总统，虽然这在西方饱受争议甚至遭到恶意抹黑和攻击，但是他对俄罗斯在后冷战时期实现政治和经济稳定、恢复大国地位起到重要作用，让俄罗斯成为新兴崛起国家中的重要一员。2019 年 2 月 11 日，俄罗斯《独立报》发表一篇题为《普京的长久国家》的文章，并因作者弗拉季斯拉夫·苏尔科夫身份极为特殊而广受关注。苏尔科夫曾任总统办公厅第一副主任和联邦政府副总理，一手操持了两大议会党统一俄罗斯党和公正俄罗斯党的建立，2005 年还提出俄罗斯“主权民主”概念，素有俄罗斯“意识形态总导师”之称。

他在文中将 21 世纪的“普京之国”与 16—17 世纪的“伊万三世之国”、18—19 世纪的“彼得大帝之国”和 20 世纪的“列宁之国”并列，称它们为俄罗斯史上的四大“长久之国”，并称普京和“普京主义”将长期引领俄罗斯走非西方的发展道路。该文是对俄罗斯政治现状的描述，同时表明普京和其所领导的统一俄罗斯党是俄罗斯保守主义思潮的主要推动者和实践者。由此，这一苏联解体后出现的思潮成功地内化为执政理念，并将在未来继续对俄罗斯的内外政策产生影响。

当前，俄罗斯面临的国际环境极其复杂，特别是在克里米亚危机后俄罗斯与美国关系长期不睦，这决定了其民间的民粹主义和官方推动的保守主义两种思潮将长期存在。两者之间既有竞争关系，但也相互补充，甚至在一定条件下还会相互支持、转化和塑造，如此一来，不仅会对俄罗斯的走向产生影响，也将对大国关系和世界格局产生重要影响。

印度则出现试图“再造”印度的“莫迪旋风”。印度是全球主要新兴经济体之一，也是金砖国家和二十国集团重要成员。西方把印度视为“最大的民主国家”并对其寄予“厚望”，认为无论是从人口数量、经济发展前景还是市场容量看，它都很可能会超越中国。在美国极力阻止中国崛起的战略背景下，西方一些国家对印度的期望也“水涨船高”。这让印度获得一些“独特”发展优势，成为极少数能在发展问题上左右逢源的大国。

2014 年 5 月 16 日，印度人民院（议会下议院）选举结果揭晓，莫迪率领的印度人民党胜选，他本人出任第 15 任总理。这次选举具有历史性意义，印度人民党在 545 个席位的议会下院中赢得 280 个以上席位，首次独自成为议会多数党。该党领导的全国民主联盟更是获得 330 个以上席位。执政党国大党惨败，所获席位不足 50 个。印度人民党此前虽有过短暂的执政经历，但国大党是印度执政时间最长的政党，自 1947 年印度独立以来只有 13 年没有执政。印度总理一职一度出现由尼赫鲁家族传承的特点，该家族共走出 3 位总理。时任国大党发言人拉吉夫·舒克拉承认败选时称：“我们接受失败，莫迪向民众许诺星星和月亮，民众相信了那个梦想。”印度由此进入“莫迪时代”。

然而，此次选举的意义不止于此。与前任多出身于政治世家、身份显赫不同，莫迪是草根出身。他在种姓制度严格的印度属于低种姓阶层，年少时为生计还卖过茶水。这次选举让他实现了从“卖茶小子”到总理的人生华丽转变，因此他被称为“草根总理”。他在大选中对代表国大党的尼赫鲁家族候选人展开猛批，称“他们60多年来一直掌控这个国度，没人敢挑战他们的王朝”，“如今遭到我这个卖茶水的挑战”。胜选后，他在社交媒体留言“印度赢了，好日子将要到来”，并允诺让印度变成一个经济繁荣的大国。上台后，他因拥有较高支持率、行事风格果敢、改革举措大胆而掀起一股“莫迪旋风”，但同时也引发一些争议，如被称作“印度的撒切尔”“印度的普京”“印度的安倍”“印度的尼克松”，甚至“印度的希特勒”。因为他的胜出不只是其个人的胜利，更多地代表了其所属的印度人民党以印度教民族主义为核心内容的社会思潮的胜利。

印度人民党从一个小党成长为左右印度政坛的两大政党之一的过程，从本质上反映了该党从20世纪80年代起积极推动的印度教民族主义的复兴历程。该党宗教色彩浓厚，主张宗教民族主义，行事风格强势，强调印度教应在国家具有至尊地位，甚至忽视印度是个多宗教国家的现实，提出要把印度建成“印度教国家”，提出“一个国家、一种宗教、一种文化”，形成狭隘、保守、具有明显排他性甚至攻击性的意识形态。莫迪作为虔诚的印度教徒和民族主义者，就是这种思潮的代表人物。虽然印度是个宗教、民族、种姓、阶级及社群多元化和碎片化的社会，但是印度人民党希望通过推行印度教民族主义，强化印度作为统一国家的社会认同。

莫迪出任总理后，把上述主张变为政策，开始了对印度的

“深度改造”。对内，莫迪政府利用印度教徒占总人口 80% 的优势，推动在社会生活中全面展示印度教民族主义或“印度教特性”，同时想把印度人民党建成“世界第一大党”。于是，印度出现借口印度教义的“保护圣牛运动”，遣责国大党支持牛肉出口和屠宰牛的做法，认为这在把牛奉为圣物的印度教看来是亵渎神明的表现，为此甚至出现对食用牛肉者、交易活牛者及屠宰场所有者处以私刑等极端现象。更有甚者提出应该清除印度国宝级文物泰姬陵，因为它有明显的伊斯兰教而非印度教特点，是印度历史的“污点”。

对外，莫迪政府的政策具有明显的民族主义和冒险主义色彩。如为转移国内矛盾和视线，一再挑起与巴基斯坦的冲突。2019 年 12 月正式通过并生效的《公民身份法》，声称要给 2014 年 12 月 31 日前因“宗教迫害”而从巴基斯坦、孟加拉国、阿富汗逃来的印度教、佛教、锡克教、耆那教、拜火教和基督教教徒以国籍。该法的一个突出特点是排斥伊斯兰教，因为它唯独把穆斯林排除在外，而印度的穆斯林人口多达 2 亿，因此该法一经通过就引发大规模骚乱活动，甚至引起联合国等国际组织的关注。

莫迪的“再造印度”政策取得一定成效。如印度整体经济表现不错，2014—2018 年国内生产总值增速分别为 7.4%、8%、7.1%、6.7% 和 7.4% ，年均增速达到 7.3 %，一度成为全球主要经济体中增速最快的国家，更晋升为全球第五大经济体。这是莫

< 印度泰姬陵

迪和印度人民党 2019 年赢得连任并使印度进入“莫迪 2.0 时代”的重要基础。但是，这些政策也产生不少负面影响。如印度教徒和穆斯林群体关系持续紧张。除《公民身份法》的影响外，莫迪政府还废除印控克什米尔地区的特殊地位，为印度教徒去那里定居创造便利条件，遭到在当地占主体地位的穆斯林群体的反对。在印度人口占比 13 % 的穆斯林群体在大选中也基本不支持莫迪，两大教派的矛盾和冲突随时可能被引爆，而其他教派群体在莫迪任期内也日益被边缘化，这些都让印度社会呈现撕裂状态。此外，莫迪政府除时不时与巴基斯坦爆发武装冲突外，与中国的关系也一度紧张，其民族主义和冒险主义的交往方式使印度的周边环境变得相对恶劣。

综合来看，莫迪在 2019 年赢得连任，使印度教民族主义思潮在未来数年仍将主导印度内外议程，促使其对印度的“再造”继续，但印度未来是否能如其所愿还有待观察。

最后，作为“现代化实验室”的拉美受到美国的影响而长期在民粹主义浪潮下左右摇摆。拉丁美洲是指美墨边境布拉沃河以南直至火地岛，以西班牙语、葡萄牙语等为官方语言的国家和地区。这个概念充满文化韵味，虽然它指代一个地区，但也更强调该地区的文化特性。拉美国家多达 33 个，外加 12 个未独立地区，拥有超过 6 亿人口，自然资源丰富，但是各自发展程度不一、文化传统多样。其中既有在发展中国家中最早实现独立并探索现代化道路的国家，也有迄今为止仍深陷治理困境而步履维艰的国家。

拉美从 19 世纪 70 年代起先后经历了古典自由主义、发展主义和新自由主义三种现代化思潮，初级产品出口、进口替代工业化和出口导向型三种经济发展模式，以及寡头威权主义、民众威权主义、官僚威权主义、现代代议制民主等政治模式的演变。33 个国家的发展道路多种多样，但是“危机—转型—危机—转型”“外向—内向—外向—内向”几乎成为各国无法摆脱的发展窠臼。因此拉美被称为“现代化的实验室”，即使在今日仍有不少国家处在“过渡”阶段。有拉美学者感叹该地区的发展“宛如一曲哀歌，充满哀伤与挫折，已逾五百年”。

拉美因地理上与美国相毗邻而长期被美国视为“后花园”，其方方面面都不可避免地受到美国的影响，以至于亲美和反美国家长期同时存在。“离上帝太远，离美国太近”成为各国不得不面对的现实。就在拉美面对因美国带来的各种问题的同时，美国则因拉美移民大量涌入而开始了“拉美化”进程。哈佛大学已故著名学者亨廷顿为此早在 21 世纪初就向其同胞发出“我们是谁”的警示。美拉关系可谓“剪不断，理还乱”。

从思潮的角度看，拉美与世界其他地方一样，在全球化进程中不可避免地受到美西方的影响。与此同时，其因独特的政治、经济、历史、文化和地理环境而长期盛行民粹主义思潮。民粹主义虽然最早发生在美国，但拉美却是世界上受民粹主义影响最深重的地区。各国为找寻发展道路，不断在左翼民粹和右翼民粹思潮之间摇摆，从而使拉美呈现出与世界其他地方既相似又显著不同的特点。

民粹主义思潮是贯穿拉美各国政治生活的一个主旋律，在过去 100 多年间更是周期性地出现，直接而深刻地对各国政治、社会和经济生活产生影响，以至于成为拉美政治生活中最活跃的现象之一。有学者称，对拉美而言，民粹主义不仅是一种思潮或社会运动，而且通常会成为政府的政策和领导人最经常采用的策略，因此，又被称为“执政的民粹主义”。

过去 100 多年间，拉美出现过多次民粹主义浪潮，几乎每一波都从极度兴奋开局，又几乎以结局黯淡收场。它们出场都是因为国家面临政治、经济甚至社会危机，一些民粹领袖利用这种思潮进行广泛动员，获得上台执政机会后又将其转变为执政理念和国家发展战略。大众所熟知的阿根廷前总统庇隆、秘鲁前总统藤森、委内瑞拉前总统查韦斯、巴西前总统卢拉等，都是这种思潮在拉美不同时期的代表。每一波浪潮收场之际，均伴随着较为剧烈的政治、经济和社会矛盾，甚至内外动荡。

拉美的民粹主义思潮有其独特之处。该地区除易出现“强人政治”外，还会随着不同时期内外环境的变化，时而盛行左翼民粹思潮，时而盛行右翼民粹思潮——两者要么交替主导、相互取代，要么竞争共存，使拉美政治版图呈现出丰富多变的画面特点。例如，从20世纪七八十年代开始，随着全球化进程的推进以及冷战结束，拉美为摆脱发展困境，曾在美国力推下成为新自由主义的试验场，不少国家接受了美国开出的“减少政府干预，促进贸易和金融自由化”的改革“药方”，史称“华盛顿共识”。这一“药方”在短期内曾取得较好效果，拉美因此被西方称作“希望之星”。

随着该“实验”在20世纪末至21世纪初归于失败，当拉美再次面临何去何从的抉择时，左翼民粹思潮开始崛起，出现委内瑞拉的查韦斯、玻利维亚的莫拉莱斯、厄瓜多尔的科雷亚、阿根廷的基什内尔、尼加拉瓜的奥特加等代表的左翼“粉色浪潮”。他们高举“反美反霸”等民族主义旗帜，主张实行大规模国有化和反对外来资本进入等，一度帮助拉美实现经济发展，并试图确立能取代新自由主义的发展模式。

2008年国际金融危机后，因大宗商品价格下跌和拉美左翼政府治理策略失败，民众不满，“变革”之声再次响起，中右翼力量借机兴起，借助“改革”口号，加大对左翼政权的抨击力度，并提出对中产阶级更有吸引力的政策主张。受此影响，阿根廷、巴西、智利等地区大国的左翼政党相继下台，拉美政治版图经历了“左升右降”到“右升左降”的转变过程，中右翼政权开始不断上台。其中，拉美第一大国巴西的“右转”最为典型，其现任总统博索纳罗更是被称为“巴西的特朗普”。查韦斯总统去世后，委内瑞拉的左翼民粹政权因同时遭到美国和拉美右翼国家的压力而面临生存危机。

从目前看，这种左右翼之争在拉美仍在继续，无论哪方胜出，都不能被认为获得最终胜利。对拉美而言，因为美国这一最大外部因素的影响无处不在，所以它们或向美国靠拢，或反对美国，发展道路选择上亦是如此，从而使本国的政治安全、意识形态安全和文化安全始终面临挑战。拉美各国若想获得真正的发展，就有必要根据各自国情走出一条符合本国实际情况的道路，如此才能避免这种道路之争、思想之争，有效地捍卫国家安全。

参 考 文 献

1 马德普主编:《当代西方政治思潮》,中国人民大学出版社 2013 年版。

2 [美] 弗朗西斯·福山著,黄胜强等译:《历史的终结及最后之人》,中国社会科学出版社 2003 年版。

3 [美] 理查德·哈斯著,胡利平、王淮海译:《外交政策始于国内:办好美国国内的事》,格致出版社、上海人民出版社 2015 年版。

4 [法] 雅克·阿塔利著,赵斌斌译:《未来十五年》,中信出版集团 2020 年版。

5 黄静:《欧洲民主资本主义困境》,时事出版社 2017 年版。

6 高奇琦主编:《西方民粹主义与自由民主主义的贫困》,上海人民出版社 2019 年版。

7 [德] 海因里希·奥古斯特·温克勒著,童欣译:《西方的困局:欧洲与美国的当下危机》,中信出版集团 2019 年版。

8 [德] 扬-维尔纳·米勒著,钱静远译:《什么是民粹主义》,译林出版社 2020 年版。

7

第七章

百年变局与中国国家安全

近年来，国际政治、经济、思潮和制度都在发生巨大变化，产生巨大波动，带来巨大涟漪，这是“百年未有之大变局”的真实写照。这一变局冲击了各国的内外环境，给其国家发展和国家安全带来变数。变局的核心要义在于“变”，既有变好的可能，又有变坏的风险。因此，变局中既有机遇，也有挑战，关键是各国“怎么看”和“怎么办”。

变局带来国际秩序和国际格局的重大调整。一些国家的外围环境会陡然变化，成为全球博弈的前沿；一些国家则可能在国际力量分化重组过程中被“边缘化”，甚至成为霸权国家的掠夺目标。变局带来发展范式的巨大转变。变局通常与科技、产业革命并行，这会对各国的经济产业都带来巨大冲击。一些国家或因此丧失其比较优势，经济地位下滑；另一些国家可能无法实现生产方式和上层建筑的同步演进，生产力发展最终受到限制。变局带来诸多不稳定因素。如果任其发展，有可能成为社会不稳定因素；如果主动加以疏导、防范，则会合理释放这些社会压力。变局带来国家国力的起伏。一国部分国力和禀赋或被削弱，一些利益或面临挑战。在此背景下，遵循旧律不是国家发展和安全的可靠保障，只有创新才能开辟新局，利用变局增强自身能力。这是变局与国家安全关系的基本规律。

中国国家安全的历史方位

习近平总书记指出，中国共产党诞生于国家内忧外患、民族危难之时，对国家安全的重要性有着刻骨铭心的认识。近代以来，中国与外部世界的联系更加紧密，国家发展和安全深受外部变局的影响。中国一度积贫积弱，面临生死存亡的安全威胁。在中国共产党的坚强领导下，中国的国家安全形势有了根本性改观，实现了从转危为安到繁荣富强的历史性飞跃。当前中国国家安全处于近百年以来的最好时期，迎来主动塑造外部安全环境的重大历史机遇。

鸦片战争让中华民族意识到中国的全方位落后。在工业革命这场百年变局中，中国封建统治的腐朽暴露得更加淋漓尽致。该制度效率十分低下，缺乏主动适应外部变化的能力和意志。政治上，中国的封建制度导致国家意识不强，社会上层和下层严重脱离、高度对立，无法实现举国动员以应对外来挑战。经济上，传统手工业生产效率低下，无法在短期内生产出大量军需。军事上，清朝的军队虽然装备并不落后，但缺乏情报、侦察、参谋等作战关键支撑。文化上，中国社会深受封建文化荼毒，又遭遇鸦片等舶来毒物，人口素质不断恶化，甚至被污蔑为“东亚病夫”。

清政府的倒台和五四运动让中国迎来了重要的历史机遇。1917年，俄国发生十月革命，世界上产生了第一个由马克思主义政党领导的社会主义国家。这一巨变定义了20世纪前半叶的主题。十月革命让面临类似内忧外患、危机空前的中国人民看到希望的曙光，中国共产党在这一背景下应运而生。1936年，毛泽东在保安窑洞曾问斯诺是否希望美国发生革命。斯诺说：如果在美国也像在中国一样存在上述种种极端困苦的情况，那么美国也别无他路，只得革命。

中国产生了共产党，这是开天辟地的大事变，深刻改变了近代以后中华民族发展的方向和进程，深刻改变了中国人民和中华民族的前途和命运，深刻改变了世界发展的趋势和格局。中国历史从这一刻起发生了翻天覆地的变化，中国的国家安全形势也发生了伟大转折。

这种伟大转折首先体现为，在中国共产党的领导下，中国人民完全赶走了外来侵略者，彻底实现了民族解放。第二次世界大战将中华民族的命运与全球反法西斯战争紧密地连接到一起。中国共产党发出“停止一切内战，集中国力，一致对外”的口号，成为抗日战争最早的宣传者、动员者，倡导和推动建立了抗日民族统一战线。中国共产党也是正确的抗战路线和战略方针的制定者和实施者。中共中央提出全体人民参加战争、支援战争的全面抗战路线，实行持久战总方针和游击战的战略战术。利用这些方针、战略和战术，中国共产党领导的抗日武装给侵略者以巨大打击，是坚持抗战和夺取抗战胜利的决定性力量。

中华民族经过浴血奋战赢得抗日战争胜利后，又面临建设什么样国家的斗争。为了争取中华民族的彻底解放，中国共产党与国民党反动派进行了艰苦的斗争。在国民党率先掀起内战的情况下，中国共产党以自卫战争粉碎了国民党的军事进攻，使战争形势发生了有利于人民的变化。1947 年，中共中央做出由战略防御转向战略进攻的重要决策，发起鲁西南战役和辽沈、淮海、平

五四运动期间上海商界罢市，声援学生游行

津三大战役，以相对较少的兵力彻底瓦解了国民党政权在长江以北的力量，且以百万雄师过大江的壮举，粉碎了国民党反动派寻求划江而治、分裂中国的图谋。1949 年 10 月，中华人民共和国正式成立，彻底终结了旧中国半殖民地半封建的历史，彻底结束了旧中国一盘散沙的局面，将中国的领土、主权和安全牢牢把握在人民政权的手里。

这一伟大转折还体现为，在中国共产党的领导下，中国人民第一次挫败了帝国主义的军事干涉图谋，完成中华民族有史以来最为广泛深刻的社会变革，奠定了中国国家安全的物质基础。1950 年 6 月，朝鲜战争爆发。美国发起武装干涉，不顾中国政府一再警告，悍然越过“三八线”，把战火烧到中朝边境，对中国领土和主权安全构成直接威胁。值此危急关头，应朝鲜方面请求，中国共产党以非凡的气魄和胆略做出抗美援朝、保家卫国的历史性决定。在双方力量极为悬殊的情况下，中朝军队打破了美军不可战胜的神话，消灭了美国借此干涉中国革命的企图，将威胁抵御在国门之外。

冷战时期，面临帝国主义、霸权主义国家的军事威胁，中国共产党领导中国人民快速完成社会主义三大改造，开启了社会主义工业化建设的新篇章。在生产方式转变后，中国的生产力和创造力实现了巨大飞跃。1957 年“一五”计划超额完成，我国社会主义现代工业体系的雏形基本建立。20 世纪六七十年代，在设备简陋、原料不足、生活物资短缺的困难局面下，全党、全国人民团结一心，开创出一个又一个“第一”，包括原子弹和氢弹试爆成功，以及自主生产出拖拉机、远洋货船、大型电子计算机、半导体收音机、雷达等。这些技术标志着中国首次拥有了维护其军事安全、经济安全和国土安全的足够能力，再也不畏惧帝国主义的威慑和围堵。

这种伟大转折更体现为，在中国共产党的领导下，中国开启了一场深刻改变中国命运的改革，成为全球化的弄潮儿。冷战结束后，国际社会进入美国“一超独霸”的全球化时代，广大发展中国家再次陷入迷茫之中。在这一关键时刻，中国共产党做出准确的战略判断，创造性地提出社会主义市场经济理论，推进改革开放进程，让中国率先适应这一时代变局。改革开放极大激发和解放了中国的社会生产力，中国成为全球产业链的重要一环。1978—2020 年，中国的 GDP 从 1495 亿美元增加到 14.7 万亿美元，年均增长超过 11%；经济总量从占全球 1.8% 提高到 18%，稳居世界第二位；人均 GDP 从 156 美元增加到超过 1 万美元。改革开放让中国人民的生活显著改善，使中国赶上了时代的步伐，实现了从站起来到富起来的伟大飞跃。

上述历史成就奠定了中国国家安全的基础。如今，中国再次面临如何主动因应“百年未有之大变局”、开辟中国国家安全新局面的挑战。十八大以来，以习近平同志为核心的党中央通过一系列改革和创新实现了中国国家安全形势的新飞跃。

其一，建立起集中统一、高效权威的国家安全领导体制。在以习近平同志为核心的党中央坚强领导下，国家安全工作发生了历史性变革，党对国家安全工作的绝对领导得到进一步坚持和贯彻。2013 年 11 月，中央国家安全委员会正式成立，彰显了我国在捍卫国家安全和国家利益方面的决心和意志。中央国家安全委员会既有对内职能，也有对外职能，与国家的外部安全休戚相关，具有统筹国内和国际两个大局的重要战略功能。中央国家安全委员会的成立是统筹发展和安全的关键一招，从全局和战略高度强化了国家安全工作的顶层设计。中央国家安全委员会按照集中统一、科学谋划、统分结合、协调行动、精干高效原则，统一领导和部署国家安全工作。

其二，国家安全体系框架进一步完善。党和国家对国家安全的认识得到进一步深化和提升，确定了维护中国国家安全的基本理论、基本原则和基本方法，对我国所面临的各类安全风险有了更为系统的把握。党的十九届五中全会《建议》首次把统筹发展和安全纳入“十四五”时期我国经济社会发展的指导思想，突出国家安全在党和国家工作大局中的重要地位。我国正在形成一整套有关国家安全战略设计、趋势预测、风险研判、防范化解、统筹协调的机制，以应对和满足不断变化的国家安全形势和需求，将重大风险防患于未然、处置于未萌，始终把握国家安全工作的战略主动权。在2020年的新冠肺炎疫情防控工作中，我国统筹传统安全与非传统安全的各项国家安全工作机制发挥了突出作用。

其三，从全局和战略高度对国家安全做出一系列重大部署。十八大以来，党和国家根据国家安全能力建设目标和应对重大国家安全挑战的现实需求，推动实施一系列具有重大现实意义和深远历史意义的战略措施。2015年1月，中央政治局审议通过了《国家安全战略纲要》，这是中华人民共和国成立以来我国第一部总体国家安全战略。2016年1月，中央军委发布了《中央军委关于深化国防和军队改革的意见》，开启了中华人民共和国成立以来最全面、最深刻、最彻底的国防和军队改革，是决定军队未来的关键一招。军改重塑了人民解放军的架构和指挥、作战、建军体系，以适应战争形态演变和世界军事发展趋势，将提升军事斗争能力作为唯一的、根本的标准。军改实施以来，人民解放军的面貌焕然一新，能打仗、打胜仗的能力全面增强。2016年12月，中国颁布《国家网络空间安全战略》，该战略系统阐明中国关于网络空间发展和安全的重大立场，对中国网络安全工作和维护国家在网络空间的主权、安全、发展利益具有指导意义。2018年4月，在新一轮国务院机构改革中，应急管理部正式挂牌。该机构将安全生产、火灾、水灾旱灾及地质灾害等的预防和救援统一于一个部门加以管理，将灾害的防控和应急处置放在一起通盘

中华
WR203

< 2019年10月1日，庆祝中华人民共和国成立70周年大会在北京天安门广场隆重举行，图中是无人作战第二方队接受检阅

考虑，极大提升了防控风险的能力。上述决策部署有效提升了我国维护国家安全的能力，推进了国家治理体系的现代化。

其四，国家安全法律制度体系得到全面完善。维护国家安全的社会主义法治道路快速推进。近年来，我国先后推出一系列管总、管长的国家安全相关法律，包括《国家安全法》《国家情报法》《反恐怖主义法》《反分裂国家法》《网络安全法》《境外非政府组织境内活动管理法》《出口管制法》《中华人民共和国香港特别行政区维护国家安全法》等。这些法律体现了习近平总书记的高瞻远瞩和历史担当，体现了14亿多中国人民的共同意志，明确了公民维护国家安全的责任和义务，堵塞了维护国家安全方面存在的漏洞，丰富了维护国家安全的法律工具箱。其中，香港国安法等法律在正本清源、打击外部势力和敌对势力方面起到立竿见影的效果。

其五，国家安全理念深入人心。2015年，中国正式设立“全民国家安全教育日”，将国家安全教育制度化、常态化。2020年，教育部印发《大中小学国家安全教育指导纲要》，要求落实《国家安全法》相关要求，系统推进国家安全教育进课程、进教材、进校园，全面增强大中小学生的国家安全意识。2020年12月，中共中央政治局就切实做好国家安全工作举行第26次集体学习，习近平总书记在主持学习时发表了重要讲话。中共中央政治局首次就国家安全举行专门集体学习，标志着党中央对于该领域的重视达到新的战略高度。此外，中国正在设立国家安全一级学科，加强国家安全的人才培养和基础教育。通过上述宣传和教育活动，广大人民群众充分认识到国家安全是国家发展的重中之重，维护国家安全是每一个中国公民的职责和利益所在，是安邦定国的重要基石。

2020年，突如其来的新冠肺炎疫情对各国维护国家安全的能力而言都是一场大考，近年来中国全面加强国家安全工作的努力在这场大考中得到验证。近年来，正是基于国家安全制度体系、政策法治、能力保障等各方面的改革与完善，我们才能更加适应国家安全形势的变化发展，更加全面有力地防范风险、应对挑战。这充分证明了只有依靠中国共产党的坚强领导，只有坚定不移地走中国特色国家安全道路，中国才能更加敏锐、主动、迅速地应对各种风险挑战，不断适应时代变局，在挑战和适应过程中更加发展壮大。

中国的国家安全自信从何而来

习近平总书记指出，当前，我国正处于一个大有可为的历史机遇期。这是习近平总书记纵观历史演进，通览国家沉浮和民族兴衰后做出的重大战略判断，凸显了我党对于我国所处历史方位和国家安全形势的战略自信。党的十八大以来，以习近平同志为核心的党中央带领全党和全国各族人民锐意进取、开拓创新，中国的国际地位得到前所未有的提升。我国正在将长期积累的综合国力和治理机能转化为维护国家安全的综合能力，护航实现中华民族伟大复兴的中国梦。

一是制度优势。中国特色社会主义制度最本质的特征是中国共产党的领导。坚持党的集中统一领导是国家政治稳定、社会和谐的根本保证。在困难和挑战面前，党始终坚持对人民负责、对历史负责，不辜负人民的信任。党制定各种政策、采取各种措施，都以实现和维护最广大人民的根本利益为目标，同时兼顾各方面的利益关系、不同利益要求，因而能够得到全社会的广泛认同和支持。在当代中国，党的集中统一领导的一个重要体现就是，发挥总揽全局、协调各方的领导核心作用，能够集中力量办大事，能够成功应对一系列重大风险挑战、克服无数艰难险阻。

2020 年，面对新冠肺炎疫情这一非传统安全领域的突发威胁，党中央迅速建立统一调动、上下协同、运行高效的指挥体系，为战胜疫情提供了有力保障。各级党委和政府、各部门各单位各方面闻令而动，全国农村、社区、企业、医疗卫生机构、科研机构、学校、军营各就各位。在防控疫情过程中，全国 3900 多万名党员、干部战斗在抗疫一线，1300 多万名党员参加志愿服务，460 多万个基层党组织冲锋陷阵，400 多万名社区工作者在全国65万个城乡社区日夜值守。党中央的坚强领导和这种强大的动员能力，使我们在短时间内有效遏制了疫情的大面积蔓延，最终取得抗击新冠肺炎疫情斗争的重大战略成果，创造了人类同疾病斗争史上又一个英勇壮举。同时，党中央发挥制度优势，统筹疫情防控和经济社会发展，使我国在世界上率先控制住疫情，在全球主要经济体中率先恢复经济正增长，充分彰显了党的领导和我国社会主义制度的巨大优越性。

面对复杂多变的安全和发展环境，以及各种可以预见和难以预见的风险挑战，中国共产党的领导和中国特色社会主义制度，使中国在防范抵御国家安全风险上有一个坚强的领导核心和充分的制度保障。

二是规模优势。中国是大国，幅员辽阔、人口规模世界第一、经济实力雄厚、军事实力强大，具备维护国家安全的战略纵深和强大物质基础。按通常理解，国家规模的三个基本要素是领土面积、人口数量和经济总量，前二者是基本要素，后者是前二者形成的生产力要素，三者之间相互叠加和复合，形成国家规模经济。目前，中国是世界第二大经济体、制造业第一大国、货物贸易第一大国、商品消费第二大国、外资流入第二大国，有雄厚的物质基础、丰富的人力资本、广阔的市场空间、巨大的发展潜力和全方位的国际竞争力。经过70多年的发展，中国成为全世界唯一拥有联合国产业分类当中全部工业门类的国家。在世界

> 和谐号

500 多种主要工业产品当中，中国有 220 多种工业产品的产量位居全球第一。

在技术扩散、发展更趋均衡的背景下，人口规模是决定一国实力和维护国家安全能力的重要方面。回顾世界历史，在每次技术跨代升级之时，或许会有一些人口小国凭借效率和灵活性方面的优势占领先机，但在充分交流形成新的经济均衡之后，最终决定各国兴衰的还是各自的人口规模。在过去数百年内，世界强国的更替顺序反复印证着上述规律。数百万人口规模的葡萄牙、西班牙和荷兰率先崛起，之后是数千万人口规模的英国、法国和德国，然后是数亿人口规模的美国和苏联。在强国更替的过程中，一旦人口更多的国家开始步入正轨，人口较少的昔日霸主往往会被边缘化。中国的崛起体现的是10亿级人口规模国家的工业化和现代化，是具有5000年历史的文明型国家的伟大复兴，势不可挡。

广土众民、规模庞大、实力雄厚，使我国维护国家安全拥有强大的人力、物力和财力支撑，经济实力、军事实力、财政实力等组成的超强综合国力，使我们在维护国家政治安全、经济安全、军事安全、国土安全等方面有底气、有资源、有能力。

三是发展优势。发展是维护国家安全的根本，而中国的发展仍面临着重要战略机遇期，中国经济长期向好发展的趋势仍然存在。目前，中国处于工业化、城镇化加速发展阶段，有广阔的市场空间、巨大的发展潜力和全方位的国际竞争力。为推动经济可持续发展并应对激烈的国际竞争，中国加快转变经济发展方式和调整经济结构的步伐，转向高质量发展阶段。2019年，我国社会消费品零售总额达到41万亿人民币，折合约6万亿美元，超过美国5.46万亿美元的零售总额，成为世界第一大消费市场。目前，我国中等收入群体超过4亿人，未来15年可能翻番至8亿人，国内消费能力仍存在上升空间。充分发挥我国超大规模的市场优势和内需潜力，既能提高经济增长的平稳性和可控性，还能有效增强抵御外部冲击的能力。

在发展过程中，中国高度重视科技和创新，在科技强国的征途上阔步前行。科学技术是第一生产力，中国错过了两次工业革命，在第三次工业革命中也是“后来者”。经过不懈努力，中国科技事业实现了历史性、整体性、格局性重大变化，重大创新成果竞相涌现。当前，新一轮科技革命和产业变革深入发展，为我们带来了换道超车的宝贵机遇。中国在人工智能、量子信息、物联网、生物制药、新能源等方面取得重要的成果，与世界其他发达国家基本上处于同一起跑线。新一轮科技革命和产业变革的特点是：以人力资本投入为主，金融资本投入相对较少，而作为人口大国、人才大国，中国拥有规模庞大的高素质人才。作为全球最大市场，中国也为新技术、新产品、新业态提供了广阔的应用场景。这与中国拥有全世界最完整的产业体系、最强大的工业配套能力相结合，有利于加快创新脚步。恩格斯说：“社会一旦有技术上的需要，则这种需要就会比十所大学更能把科学推向前进。”我国经济高质量发展和推进社会主义现代化对于科技创新的需要，比任何时候、任何国家都要大得多，巨大且不断增长的市场需求是科技创新的不竭动力。世界历史多次证明，每次大的科技产业革命都对世界格局产生重大影响，中国完全有可能通过科技创新实现跨越式发展。

持续稳定的经济、科技以及社会发展，使我们能够在发展中科学看待和合理解决安全问题，能够投入新资源，运用新工具应对新的、更严峻的安全挑战。

四是机遇优势。当前和今后一段时期，我国面临的国际环境日趋复杂，不稳定性、不确定性明显增加，但和平与发展仍然是时代主题，我国仍然处于重要战略机遇期。自 2008 年国际金融危机以来，在部分发达国家大搞单边主义和保护主义，干扰全球产业链的背景下，中国经济保持中高速增长，对世界经济增长的贡献率超过 30%。世界绝大多数国家将中国的发展看作机遇，希望搭上中国发展的快车，各国对中国市场等方面的依赖全面上升。经济全球化的大趋势不会改变，中国市场的魅力不减，愿意同中国合作的国家、地区和企业还有很多。党中央提出构建新发展格局，在释放内需潜力、加强自主创新的同时，也将全面提高对外开放水平，营造良好外部环境，尽可能利用好国际国内两个市场、两种资源。这样一来，我们就能持续收获广阔的市场空间与合作机会，就能与友好国家一道分享中国经济发展和全球化红利，更好地实现“国内国际双循环相互促进”。

从世界大势和国际战略格局看，国际力量对比继续朝着有利于中国和平崛起的方向演化。“东升西降”的世界大势背后是一大批新兴经济体和发展中国家的群体性崛起。不管是从 G7 到 G20，还是从 G7 到 E7，全球经济格局的变迁意味着自近代以来世界权力首次开始向非西方世界转移扩散。金砖国家合作机制、上海合作组织、东盟和非盟等在全球治理和地区秩序中的地位和影响力上升，表明国际权力在少数几个西方国家之间“倒手”的局面走向终结，百年来西方国家主导国际政治的情况正在发生根本性改变。由于美国不愿和无力继续提供国际公共产品，全球的治理赤字、信任赤字、和平赤字、发展赤字有增无减。一些发展中国家对中国的期待上升，希望中国在全球治理中发挥更大作用，为应对全球性挑战提出中国方案。

顺应历史发展大势和响应时代呼唤，中国积极参与全球治理，以新的理念和政策创造机遇，改善安全环境。我们提出共商、共建、共享的全球治理观，提出更加开放、包容、普惠、平衡、共赢的发展方向，提出坚持正确义利观的外交理念，树立共同、综合、合作、可持续的全球安全观。中国还积极推进国际合作，提出共建“一带一路”倡议并付诸实践，取得积极成效。特别是，中国明确提出构建人类命运共同体理念，增进人类福祉，顺应历史潮流，凝聚各国共识，因而受到世界范围内的广泛支持。

顺势而为、因时而动，中国主动适应经济、外交和安全环境的变化，以新的安全理念和实践，准确识变，科学应变，主动求变，维护和塑造国家安全的能力日益增强。

中国国家安全仍面临一系列挑战

2019 年 1 月，习近平总书记在省部级主要领导干部坚持底线思维着力防范化解重大风险专题研讨班开班式上指出，面对云谲波诡的国际形势、复杂敏感的周边环境、艰巨繁重的改革发展稳定任务，我们必须始终保持高度警惕，既要高度警惕“黑天鹅”事件，也要防范“灰犀牛”事件。2020 年 11 月，习近平总书记在关于“十四五”规划建议的说明中指出，当前和今后一个时期是我国各类矛盾和风险的易发期，各种可以预见和难以预见的风险因素明显增多。上述重要论述深刻阐明了我国当前国家安全中风险挑战一面的主要特征，体现出习近平总书记视野宏阔、总揽全局的风险意识。随着国力和地位的不断提升，我国越接近世界舞台中央，越接近实现中华民族伟大复兴的中国梦，面临的风险考验可能越复杂、艰巨。

从外部看，国际安全环境发生深刻变化，不确定性因素增多。“百年未有之大变局”带来国际政治和大国关系的深刻调整，大国博弈升温是其突出变化，是我国当前面临的主要国际安全风险。自特朗普政府上台以来，美国对华政策的消极一面显著上升，中美关系发生深刻变化。美国政府悍然对华发动贸易战，随后又在科技、地缘、人文、意识形态等领域对华遏制打压。这些做法不仅对我国军事安全、科技安全、文化安全带来直接威胁，也深刻损害了中国企业和公民的合法权益，违背了经济规律和历史潮流。美国的极限施压显著加大了中美关系的不稳定性和不确定性，中美陷入“新冷战”风险增大，世界和平与发展也面临挑战。大国博弈牵动我国周边安全。一些域外大国试图将涉及我领土主权、国土安全的议题国际化，通过外交、军事、情报等方式加以介入，直接威胁我国安全利益。在国际局势日趋复杂的大背景下，我国海外利益面临的风险因素显著增多，成为他国单边主义、民粹主义以及恐怖主义的冲击对象，企业和公民面临着他国政局动荡、歧视性执法和社会骚乱等多重风险。

从国内看，我国进入发展转型关键期，更需确保安全和发展的动态平衡。党的十九大报告明确指出，我国社会的主要矛盾已经转化为人民日益增长的美好生活需要和不平衡不充分的发展之间的矛盾。这标志着我国进入新的发展阶段，中国特色社会主义进入新时代，我国维护国家安全的时代课题也随之发生变化。不平衡主要体现在城乡、地区、不同阶层的发展不均衡，存在不少生态安全、社会安全、资源安全的隐患。党的十九届五中全会指出，我国在农业、城乡、生态环保、民生保障、社会治理等领域仍存在风险或短板。农业方面，近年来我国粮食进口不断增加，对外依存度提升。生态领域，我国生态平衡仍然脆弱，生态资源整体匮乏，人均水资源量只有 2300 立方米，仅为世界平均水平的 1/4。不充分主要体现为，我国教育、医疗、养老发展相对滞后，资源分布不均，给全社会带来的负担日益突出。我国人口面临老龄化、就业难和社会流动增加三重压力。据民政部预测数据显示，“十四五”期间中国 60 岁及以上老年人口的年均增长将为 1000 万左右，远高于“十三五”期间年均 700 万的增幅，给医疗、养老等公共财政支出和社会保障体系均带来前所未有的挑战。我国依然是世界上最大的发展中国家，仍面临着结构性、体制性、周期性问题相互交织带来的困难，这给我国满足广大人民群众日益增长的美好生活需要和维护人民安全带来了持续压力。

在这样的国际、国内环境下，内外联动显著增强成为我国国家安全挑战的新特征和长期趋势。在我国对外开放程度不断提升的大背景下，各种影响国家安全的因素跨国界流动更加迅速，内外联动、叠加放大的效应日益明显。内外联动成为冲击我国政治安全和经济安全的主要因素。政治安全是我国国家安全的根本。随着中国模式影响力、感召力的不断提升，美国及西方社会感到更大压力，对我国实施颠覆渗透的图谋更加急切。美国显著加大对中国的意识形态攻势，试图在西方社会掀起新一轮“麦卡锡主义”狂潮。“台独”“港独”“东突”“藏独”分子和境外“民运”及其他危害我国家安全的组织勾连组合，试图破坏我国内大政方针，分裂国家和民族统一。上述境外敌对势力试图与我国国内“历史虚无主义”“文化虚无主义”等思想领域的乱象形成共振，在我国舆论场中制造杂音。这些风险虽掀不起风浪，但此类挑战

将长期存在，需要积极加以防范化解。经济安全上，我国经济安全和金融安全更容易受到外部影响。疫情之后，各国保护主义、单边主义可能仍呈上升态势，一些国家可能采取更加极端的经济民粹和科技民粹措施，试图将国内经济矛盾转移到他国。冷战后，金融危机爆发频率显著增加。1997 年至今，全球已经先后经历亚洲金融风暴、纳斯达克泡沫破裂、2008 年金融海啸、欧债危机等重大金融灾难，全球性金融危机对我国内的倒灌冲击不

< 中国港珠澳大桥

可不防。这种国家安全内外联动的特征使得我国在维护自身安全的同时也需要促进共同安全，着力塑造对我有利的外部环境和国际关系。

面对上述国家安全的挑战，我国维护国家安全的能力仍然存在一些短板。未来一段时期，我国面临的外部环境愈益复杂，新机遇、新挑战层出不穷，国家安全需求和国家安全能力的矛盾可能更加突出。中美科技战、东非蝗灾、新冠肺炎疫情等在不同程度上测试了我国科技安全、粮食安全、生物安全等领域的国家安全能力，显示出我国一些短板受到意外冲击和被他国“卡脖子”的风险。我国海外利益不断拓展，企业和人员走出去更加频繁，而海外安全保障能力和水平仍有不足。“能打仗、打胜仗”为我国国防和军队现代化建设设定了更高目标，对我国国防战略、科技、装备、战备和后勤提出更高的要求。这些都是我国需要着力解决的国家安全能力建设问题。

习近平总书记指出，中华民族伟大复兴，绝不是轻轻松松、敲锣打鼓就能实现的。“宝剑锋从磨砺出，梅花香自苦寒来”，克服这些风险和挑战将是实现中华民族伟大复兴的必经之路。为此，我们需要深入贯彻落实总体国家安全观，把国家安全贯穿到党和国家工作各方面、全过程，构建大安全格局，维护和塑造国家安全。

参考文献

1 ［美］弗朗西斯·福山:《政治秩序的起源》，广西师范大学出版社 2014 年版。

2 ［美］亨利·基辛格:《世界秩序》，中信出版社 2015 年版。

3 ［英］尼尔·弗格森:《广场与高塔：网络、阶层与全球权利竞争》，中信出版集团 2019 年版。

4 ［美］塞缪尔·亨廷顿:《文明的冲突与世界秩序的重建》，新华出版社 2018 年版。

5 张蕴岭:《百年大变局：世界与中国》，中共中央党校出版社 2019 年版。

8

第八章

深入贯彻落实总体国家安全观

第八章

百年变局下，国际格局、全球经济、国际治理深刻嬗变，部分国家内部“上下矛盾”“左右之争”日益激化，新冠肺炎疫情更是给人类带来全新挑战。随着中国特色社会主义进入新时代，中华民族迎来从站起来、富起来到强起来的伟大飞跃。日益走近世界舞台中央的中国，既是这个大变局的推动力量，也受这个大变局的影响。面对复杂多变的安全环境，如何把握中国的历史方位和时代特征，更好维护国家安全，对于实现“两个一百年”奋斗目标、实现中华民族伟大复兴的中国梦至关重要。党的十八大以来，以习近平同志为核心的党中央高瞻远瞩、总揽全局、锐意改革、积极进取，从战略高度把握中国面临的机遇和挑战，提出并践行总体国家安全观，统筹国内国际两个大局、发展安全两件大事，坚持维护和塑造国家安全，走出一条中国特色国家安全道路。

中国国家安全观念的演进

中华人民共和国成立以来，面对国际安全环境的变化，随着国家利益的拓展，基于维护国家安全的能力，中国的国家安全观念因势而变，对安全环境的判断、对安全内涵的认知、维护安全的手段不断演变。

中华人民共和国成立初期，中国身处以“战争与革命”为重要特征的国际形势下，长期面对内忧外患的安全环境，捍卫政权安全、防止敌对势力颠覆，保卫国土安全、预防外敌入侵成为维护国家安全的核心任务。面对这样的安全形势，中国以维护政治安全、主权安全为根本，将军事手段作为维护国家安全的重要保障，经济社会发展在相当长的时期服务于维护国家安全的需要。

改革开放之后，国际形势发生重要变化，中国对安全环境的判断也随之调整，和平与发展成为中国对时代主题的重大判断，以经济建设为中心成为国家发展的基本思路。由此，中国的国家安全观念呈现由聚焦政治安全、主权安全向侧重发展安全的重大转变，既重视安全，也重视发展；社会安全、文化安全、环境安全、信息安全、粮食安全、气候安全等非传统安全问题也逐步成为维护国家安全的重要关切，维护国家安全的手段随之更加多元，“综合性”安全观念逐步成型。同时，面对国家利益的广泛拓展，中国更加强调促进国际安全、维护世界和平，统筹内外两个大局逐步成为中国国家安全观念的一个重要原则。

党的十八大以来，面对愈加复杂的国际安全环境，面对深度拓展的国家安全利益，习近平总书记高瞻远瞩地提出总体国家安全观，鲜明提出一系列关于国家安全的新理念、新思想、新战略，着力维护和塑造有利于国家发展和民族复兴的安全环境，开创了中国特色国家安全道路。2014 年 4 月 15 日，在中央国家安全委员会第一次会议上，习近平总书记首次正式提出总体国家安全观。“当前我国国家安全内涵和外延比历史上任何时候都要丰富，时空领域比历史上任何时候都要宽广，内外因素比历史上任何时候都要复杂，必须坚持总体国家安全观。”2015 年 7 月颁布的《国家安全法》，以法律的形式确立了总体国家安全观的指导地位。2017 年 10 月，党的十九大将坚持总体国家安全观纳入新时代坚持和发展中国特色社会主义的基本方略，并写入修改后的《中国共产党章程》。2020 年 12 月 11 日，习近平总书记在中央政治局第二十六次集体学习时强调，做好新时代国家安全工作，要坚持总体国家安全观，抓住和用好我国发展的重要战略机遇期，把国家安全贯穿到党和国家工作各方面全过程，同经济社会发展一起谋划、一起部署。习近平总书记就贯彻总体国家安全观提出 10 点要求。总体国家安全观不仅实现了我们党在国家安全理论上的历史性飞跃，为国家安全工作提供了根本遵循，而且成为习近平新时代中国特色社会主义思想的重要组成部分，为其他基本方略的实施提供了重要指引。

习近平总书记着眼于既解决好大国发展进程中面临的安全共性问题，也处理好中华民族伟大复兴关键阶段面临的特殊安全问题，对总体国家安全观的基本内涵、指导思想和原则进行了深刻阐释。

总体国家安全观对国家安全内涵和外延的概括，可以归结为五大要素和五对关系。五大要素就是以人民安全为宗旨，以政治安全为根本，以经济安全为基础，以军事、科技、文化、社会安全为保障，以促进国际安全为依托。五对关系就是既重视外部安全，又重视内部安全，强调外部安全与内部安全彼此联系；既重视国土安全，又重视国民安全，强调国土安全与国民安全存在有机统一；既重视传统安全，又重视非传统安全，强调传统安全威胁与非传统安全威胁相互影响，并在一定条件下可能相互转化；既重视发展问题，又重视安全问题，强调发展和安全是一体两面；既重视自身安全，又重视共同安全，强调全球化和相互依赖使得中国和世界的安全密不可分。

总体国家安全观是对国家安全理论的重大创新，把我们党对国家安全的认识提升到新高度和新境界。总体国家安全观系统回应了新形势下我国面临的各种安全问题和挑战，以其系统性、全面性、持续性成为马克思主义时代化、中国化在国家安全领域的最新理论成果。总体国家安全观揭示了国家安全的系统性，即国家安全的各个领域往往相互联系、密切相关。例如，没有经济安全的保障，人民安全、政治安全都会受到影响；一旦处理不好恐怖主义、气候变化等跨国的非传统安全问题，就可能导致人民安全受损，社会安全遇到挑战。总体国家安全观体现了安全认知和维护安全手段的全面性。从涵盖领域看，既有政治安全、国土安全、军事安全等传统领域，也有经济安全、文化安全、社会安全、科技安全、网络安全、生态安全、资源安全、核安全、海外利益安全等非传统领域，更包括太空安全、深海安全、极地安全、生物安全等事关长远安全的全新领域。总体国家安全观的总体设想体现了持续性，即国家谋求安全不是权宜之计，而是为了长治久安。国家安全风险的存在是客观现实，维护国家安全也将是长期过程，因此既要标本兼治、长远结合，也要通过国内和国际大局的统筹实现长久安全。

总体国家安全观为实现中华民族伟大复兴提供了关键理念保障。安全是国家生存与发展的必要条件。只有国内环境和谐稳定，国际环境和平安宁，才能最终实现中华民族伟大复兴。习近平总书记指出："国泰民安是人民群众最基本、最普遍的愿望。实现中华民族伟大复兴的中国梦，保证人民安居乐业，国家安全

是头等大事。”党的十九大报告强调，统筹发展和安全，增强忧患意识，做到居安思危，是我们党治国理政的一个重大原则。总体国家安全观综合分析了当前国际形势和我国发展态势，在深刻总结中国传统国家安全观念和维护国家安全实践的基础上，鲜明揭示了中华民族复兴之路可能面临的各领域、各类型安全风险挑战，确立了“统筹发展和安全”“维护与塑造国家安全并重”“把安全发展贯穿国家发展各领域和全过程”等重要理念。总体国家安全观作为维护国家安全的强大思想武器和科学指南，完全符合中华民族伟大复兴新阶段对国家安全的新需求，从根本上为建设中国特色社会主义“五位一体”布局提供了理论和实践保障。在总体国家安全观的指引下，中国维护和塑造国家安全更具实效。应对中美战略博弈和抗击新冠肺炎疫情是总体国家安全观的生动实践，充分印证了总体国家安全观的理论力量和实践品格。

积极维护国家安全

面对云谲波诡的国际形势、复杂敏感的周边环境、艰巨繁重的改革发展稳定任务，切实维护国家安全需要树立战略思维、历史思维、辩证思维、创新思维、法治思维、底线思维，需要以总体国家安全观为指导，以普遍联系的观点看待安全问题，进行战略统筹。

一是兼顾外部安全和内部安全。经过 70 多年尤其是改革开放以来 40 多年的发展，中国与国际社会的联系空前紧密。中国经济的指标直接影响国际大宗商品交易价格，美联储的货币政策也会迅速传导及影响中国金融市场。2019 年，中国进出口总额高达 31.54 万亿元，出入境人员 6.7 亿人次。全球交通和通信的高度便捷，产业链、价值链和供应链的深度融合，使内部安全和外部安全问题具有高度联动性。21 世纪以来，无论是“9·11”事件、2008 年金融危机，还是朝核危机、南海问题，抑或香港

“修例风波”、新冠肺炎疫情，其影响都会迅速从一国波及全球，从某一领域扩散到其他多个领域。

处理香港“修例风波”、确保“一国两制”行稳致远是中国的内政，涉及中国国内安全。面对“港独”势力分裂祖国、大搞暴力恐怖活动的罪恶行径，中央坚定落实香港国安法，坚决维护“一国两制”，保障香港长期稳定繁荣。在事态发展过程中，美国和部分西方国家不断制造噪音，并插手香港事务。美国通过《香港人权与民主法》《香港自治法》等法律，对多位中国政府涉港工作机构负责人和香港特区官员实施制裁，“五眼联盟”中止与香港地区的引渡条约，七国集团还发表联合声明表达“关切”。对于美英反华势力试图通过支持“港独”“暴恐”搞乱香港地区的图谋和行径，中国政府坚决反对，围绕涉港问题的斗争影响到中美关系和中国的国际环境。同样，中国政府打击新疆民族分裂势力、宗教极端势力、暴力恐怖势力的过程中，外部势力围绕新疆的职业技能教育培训中心大做文章，污蔑、妖魔化、制裁等手段层出不穷，恶化了中国外部环境。可见，内部安全问题会迅速转化为外部安全问题，外部安全也会影响内部安全。对于内部安全，中国的工作重点是坚决确保政治安全，全力保障经济安全，维护社会和谐稳定，严厉打击暴恐犯罪，加强社会治安综合治理。对于外部安全，既要坚决捍卫国家主权和领土完整，提高对重大风险的预警和防范能力，也要有效应对国际重大事件，通

Kornhill
Sai Wan Ho
康山
西灣河
70

< 香港街头宣传国家安全立法的广告牌

过加强国际合作实现共同安全。中国的目标是对内求发展、求变革、求稳定、建设平安中国，对外求和平、求合作、求共赢、建设人类命运共同体。

二是在发展中保安全，在安全中促发展。发展是我们党执政兴国的第一要务，国家安全是安邦定国的重要基石。习近平总书记指出：“必须坚持统筹发展和安全，增强机遇意识和风险意识，树立底线思维，把困难估计得更充分一些，把风险思考得更深入一些，注重堵漏洞、强弱项，下好先手棋、打好主动仗，有效防范化解各类风险挑战，确保社会主义现代化事业顺利推进。”发展和安全是一枚硬币的两面，如车之双轮、鸟之两翼，二者相互联系又相互影响，若只以其中一项为目标，两个目标均不可能实现。

一方面，安全是发展的条件。没有和平稳定的国内外环境，发展就无从谈起。中华人民共和国成立后，我国摆脱了外敌入侵和内战，为开展社会主义建设创造了基本条件。20 世纪 80 年代，邓小平根据世界政治和经济形势的变化，敏锐地把握到时代特征的变化，提出“和平与发展”是当代世界主题的论断。在这一论断指导下，我国放弃了“以阶级斗争为纲”的口号，提出“以经济建设为中心”的思想，实行改革开放，确定了集中力量进行社会主义现代化建设的战略决策，改善了同美国和苏联的关系，为国内建设和对外开放争取了有利国际环境。改革开放以来，党中央始终高度重视正确处理改革、发展、稳定的关系，始终把维护国家安全和社会安定作为党和国家的一项基础性工作，与时俱进地阐述发展与安全的关系。为了实现长期稳定的发展，党中央高度重视国内安全。一旦社会出现不稳定因素，不管是暴恐活动、社会骚乱，还是社会治安恶化、金融体系出现危机，经济发展也会出现问题。

习近平总书记指出：“推动创新发展、协调发展、绿色发展、开放发展、共享发展，前提都是国家安全、社会稳定。没有安全和稳定，一切都无从谈起。”当前及今后一个时期，面对经济全球化遭遇逆流，世界进入动荡变革期，单边主义、保护主义、霸权主义对世界和平与发展构成威胁的局面，我国坚定不移全面扩大开放，推动建设开放型世界经济，推动构建人类命运共同体。在构建新发展格局，实现开放的国内国际双循环过程中，“越是开放越要重视安全，统筹好发展和安全两件大事，增强自身竞争能力、开放监管能力、风险防控能力”。可以说，我们必须把安全发展贯穿于国家发展各领域和全过程，防范和化解影响我国现代化进程的各种风险，筑牢国家安全屏障。

另一方面，发展是安全的基础，没有发展就没有安全。发展出现问题，社会就不可能稳定，国防建设会受影响，安全就会出问题。在新时代的伟大征程上，破解突出矛盾和问题，防范化解各类风险隐患，归根到底要靠发展。只有坚持以经济建设为中心，不断解放和发展生产力，不断增强我国综合国力，才能筑牢国家繁荣富强、人民幸福安康、社会和谐稳定的物质基础，为实现更高水平、更高层次的安全提供更为牢固的基础和条件。

当前，人民群众不仅对物质文化生活提出更高要求，而且在民主、法治、公平、正义、安全、环境等方面的要求日益增长，对优质教育资源、文化、住房、家政、养老、健康等方面的需求也日益强烈。我国发展虽然取得历史性的成就，但人均 GDP 在世界上排名 70 多位，城乡和区域之间发展不平衡，仍然存在落差。党的十九大报告提出，中国特色社会主义进入新时代，我国社会主要矛盾已经转化为人民日益增长的美好生活需要和不平衡不充分的发展之间的矛盾。只有不断发展，让人民共享经济、政治、文化、社会、生态等各方面发展成果，有更多、更直接、更实在的获得感、幸福感、安全感，实现人的全面发展和全体人民的共同富裕，才能真正促进人民安全和国家安全。

三是处理好国土安全和国民安全的关系。国土是国家主权赖以存在的物质空间。在当代国际关系中，国土安全最主要的表现就是国家间的领土争端和国家内部的统一、分离之争。经过多年努力，我国已成功解决了绝大多数陆地领土的主权争议，从战略上消除了周边主要的对抗因素，但中印边界问题长期未能解决，双方在实际控制线上的摩擦时有发生。中国与 8 个海上邻国都存在海洋争议，南海和东海问题尤为突出。一些周边国家长期非法侵占我国南沙部分岛礁，不断加强非法的岛礁建设和油气资源开发，域外大国也加大介入力度。同时，在美国调整对华战略的背景下，“台独”“港独”分裂势力大肆进行分裂活动，“藏独”“东突”等势力也蠢蠢欲动，伺机制造事端。

在美国视中国为战略对手并加大遏制力度的情况下，“台独”分裂势力更加嚣张，挟洋自重，对抗祖国大陆。台湾蔡英文当局拒不承认“九二共识”，不断加大与美国的勾连力度，购买先进战机、巡航导弹等武器，甚至在岛内大搞“绿色恐怖”，监视和迫害支持发展两岸关系的组织和个人，严重威胁台海和平稳定。为震慑“台独”、捍卫主权和维护国土安全，中国人民解放军多次在台湾海峡及南北两端组织实战化演练，多军种多方向成体系出动兵力，充分彰显反对“台独”分裂和外部势力干涉的坚强决心和足够能力。

有国才有家。国土安全有了保障，国民才能安居乐业。同样，国家由国民组成，没有国民就没有国家，没有国民安全也就没有国家安全。近代以来饱受外敌入侵和凌辱的中国人对此有深刻的认识。随着中国海外利益的拓展，更多国民走出国门、定居海外，其领事保护工作自然也成为国家安全的重要内容。当海外中国公民遭受战争、恐怖袭击的威胁，遭遇交通事故和社会治安等问题时，中国政府也有责任提供相应的保护。2011 年利比亚内战爆发后，中国政府组织大规模撤侨行动，出动和调集民航、邮船、海军护卫舰、空军运输机、客车等海陆空力量，有效保护了在该国工作和生活的3万多名中国公民的安全。可以说，维护国家安全就是维护人民安全，而人民安全是国家安全的宗旨与灵魂，维护国家安全要以民为本，一切为了人民，一切依靠人民。

四是统筹传统安全和非传统安全。由于国家安全的内涵和外延在不断变化，维护国家安全需要考虑安全的全面性、总体性，既要注重政治安全、国土安全、军事安全等传统安全，也要重视经济安全、文化安全、社会安全、科技安全、网络安全、生态安全、资源安全、生物安全、核安全和海外利益安全等非传统安全。任何一个领域的安全出现重大问题，都会对其他领域的安全、对整体的国家安全构成威胁。近年来，传统安全和非传统安全问题相互交织、“传染”的趋势更加明显，中国的战略统筹和治理能力面临新考验。

2018年以来，美国在挑起对华大规模贸易摩擦的过程中，通过司法、情报、外交等多种手段打击华为公司，并试图通过“断供”切断中国高科技公司从美国和其他国家购买芯片及其他重要零部件的途径。这不仅是一两家中国公司的供应链安全问题，而且关乎中国科技安全、网络安全和经济安全。在关键技术上过于依赖别国，就相当于自己的命脉被别人掌握。“在别人的地基上盖房子，楼越高风险越大。”这一事件充分表明科技安全对经济安全的影响。新冠肺炎疫情本质上是生物安全威胁，但其不仅威胁人民的生命健康，冲击经济发展和民众生活，还影响世界经济、大国关系、国际环境。为应对这一非传统安全挑战，中国坚决打赢疫情防控的人民战争、总体战、阻击战，坚持人民至上、生命至上，举全国之力，快速有效调动全国资源和力量，不惜一切代价维护人民生命安全和身体健康。在此过程中，中国统筹推进疫情防控和经济社会发展工作，坚持全国上下“一盘棋”，在坚持“科学防治、精准施策”过程中逐步推动复工复产。同时，中国积极开展以元首外交为引领的抗疫外交，通过向受疫情严重影响的国家提供紧急援助、与世界卫生组织密切合作、召开卫生专家专题视频会议、派遣医疗专家组、开足马力为全球生产紧缺的医疗物资、设备和疫苗等方式，体现大国担当，践行人类命运共同体理念。中国应对新冠肺炎疫情的丰富实践再次表明，处理非传统安全问题和传统安全问题是密不可分的，不能“头痛医头、脚痛医脚”，而应统筹谋划应对各种安全工作。在党中央的顶层设计和战略谋划下，各地区、各部门只有准确把握国家安全形势变化的新特点和新趋势，密切配合、通力合作，才能形成维护国家安全和社会安定的强大合力。

五是协调推进自身安全和共同安全。在激烈的国际竞争中，中国积极发展壮大自己，不断提高综合国力和影响力，这是提高自身安全的重要方面。同时，中国高度重视“安全困境”问题，认识到对一国来说，实力越强、采取的安全措施越多，就越有可能造成其他国家的不安全感，刺激对方也升级安全措施，导致本国进一步感觉不安全。在当今全球化时代，国与国之间的相互依存空前紧密，利益共生不断深化，各国都在全球供应链、产业链、价值链的联系之中，任何一个环节出了问题，各方都会受到影响。世界和平与发展面临的挑战越来越具有全局性、综合性和长远性，没有哪一国能够独善其身，也没有哪一国可以包打天下，需要各国同舟共济、携手共进。

在这一时代背景下，中国超越结盟、对抗、零和博弈的旧安全观，不断推动新安全观的理念和实践。中国提出国际社会应该倡导综合安全、共同安全、合作安全的理念，使地球村成为共谋发展的大舞台，而不是相互角力的竞技场。近年来，中国探索构建不设假想敌、不针对第三方、更富包容性和建设性的伙伴关系，积极构建以合作共赢为核心的新型国际关系，推动构建人类命运共同体，推动各方朝着互利互惠、共同安全的目标相向而行。正是基于对时代背景、安全环境、历史经验的深入理解，中国高度重视兼顾自身安全和共同安全。即使面对美国的全面打压，中国在与其坚决斗争、捍卫国家利益的同时，也没有放弃与美国的对话和协调，积极推动构建不冲突不对抗、相互尊重、合作共赢的新型大国关系。中国致力于发展中俄新时代全面战略协作伙伴关系，将中欧关系提升为全面战略伙伴关系，并坚持与邻为善、以邻为伴，坚持睦邻、安邻、富邻，突出体现亲、诚、惠、容的理念，全力打造周边命运共同体。总体而言，中国同新兴市场国家和发展中国家的团结协作不断增强，中非新型战略伙伴关系的内涵更加充实，中拉也建立起平等互利、共同发展的全面合作伙伴关系。

全球已经成为休戚与共、命运相连的地球村。安全利益你中有我、我中有你，必须摈弃唯我独尊、损人利己、以邻为壑等狭隘思维。各方应该坚定奉行双赢、多赢、共赢理念，在谋求自身安全时兼顾他国安全，努力走出一条互利共赢的安全之路。我们认为，只有义利兼顾才能义利兼得，只有义利平衡才能义利共赢。要树立正确义利观，大国要在安全和发展上给予不发达国家和地区更大支持。只有这样，人类文明发展成果才能更好实现平衡共享，普遍安全的梦想才能早日成为现实。

主动塑造国家安全

当今世界面临百年未有之大变局，中国特色社会主义进入新时代，习近平总书记从全球视野和时代高度创造性地提出要塑造国家安全。习近平总书记指出，坚持维护和塑造国家安全，塑造是更高层次、更具前瞻性的维护。上述论断进一步丰富和发展了总体国家安全观，为在新形势下护航国家发展和民族复兴提供了科学指南。

塑造国家安全是中国迈入“由大到强”发展阶段的必然要求。

一方面，中国进入从站起来、富起来到强起来的新时代，意味着我们维护国家安全的实力根基更加强大，维护国家安全的工具手段更加多元，为实现“被动应对”维护国家安全转向“主动塑造”国家安全奠定了力量基础。70 多年前，在开国大典的阅兵式上，我们的飞机不够，只有 17 架。周总理说：“飞机不够，我们就飞两遍。”70 多年后，仅在国庆阅兵式上就有 160 余架飞机参阅，中国空军的战略轰炸机穿越“第一岛链”远航训练震慑对手也成为常态。这是国家实力增强的缩影，使得我们可以更加主动、积极、有效地维护国家安全。

另一方面，随着中国实力不断增强，国家利益的广度和深度也不断拓展，决定了我们必须主动作为，塑造国家安全。特别是在新一轮对外开放全面推进、“一带一路”建设稳步实施的背景下，我国企业、机构和人员大规模“走出去”，中国与世界前所未有地紧密联系在一起，国家利益超越本土、触及全球。这就要求我们不仅要有应对安全挑战、防范化解安全风险的“高招”，更要有未雨绸缪、因势利导、提前预置、变危为机的“先手”，唯有如此才能掌握捍卫国家安全的战略主动。2008 年，海盗问题对我国海上航线的威胁愈益凸显，中国决定派出海军舰只赴亚丁湾及索马里海域展开常态化护航行动，有力维护了远洋通道安全和海外利益安全，拓展了我国在相关地区的战略空间。这是我们下先手棋、塑造国家安全的鲜明事例。

塑造国家安全也是世界主要国家有效捍卫国家安全的普遍做法。美国作为世界霸权，其维护国家安全的战略谋划和举措历来重视“塑造”。在冷战结束以来发布的历次《国家安全战略》中，“塑造”（shape）一词往往成为高频关键词。2000 年，克林顿政府发布的《国家安全战略》中 11 次提及“塑造”，声称“美国要在国际社会发挥强有力的领导作用，需要以促进和平、稳定、繁荣、民主的方式塑造国际安全环境”。2010 年，奥巴马政府发布以“重塑美国国家实力和影响力根基”为主题的《国家安全战略》，共 16 次提到“塑造”，指出“当我们的国家和国家安全政策是在塑造改变而不是被改变时，美国就取得了繁荣”。2017 年，特朗普政府发布的《国家安全战略》中 10 次使用“塑造”一词，宣称“美国的实力允许美国塑造国际环境并保护我们的利益”，“美国必须领导并塑造那些能够影响美国利益和价值的国际机制”。“塑造”在美国维护国家安全的实践中也表现得淋漓尽致，相关案例可谓不胜枚举。通过“震网”病毒大幅迟滞伊朗核武器开发进程、推动“亚太再平衡”“印太战略”主导地区形势演变，均是美国近些年来塑造国家安全的案例。

与美国相比，俄罗斯的综合实力有限，但也十分重视塑造国家安全。2015 年，俄罗斯出人意料地军事介入叙利亚，通过展示强大军事实力震慑了西方国家，巩固了自身在中东的地缘政治影响，缓解了因乌克兰问题而面临的周边安全压力。俄罗斯还充分发挥军售、能源出口等优势，通过“北溪二号”天然气管道夯实与德国的经济联系，通过出售 S-400 反导系统绑定与土耳其等国的安全关系，以较低成本确保其在欧洲、中东等地区的影响力，塑造了对其有利的地缘安全态势。

欧盟作为一个超国家行为体，尽管其维护安全的综合手段相对有限，但也很重视发挥“规则”和“机制”力量来塑造安全。面对网络攻击频发引发的新型安全问题，欧盟在 2009 年依托北约平台推动制定《塔林手册》，规定由国家发起的网络攻击行动须遵循的原则，对和平时期网络行动进行法律界定，从而掌握了网络安全这一新兴领域的规则主导权。可见，当前世界主要国家在维护国家安全的实践中，无不重视通过有效塑造来实现更高层次地捍卫安全。

坚持维护和塑造国家安全需要立足系统思维，切实发挥比较优势。维护和塑造国家安全，是一项重要而复杂的系统工程，既要从战略高度进行整体运筹，又要紧贴实际进行针对性布局。从美国、俄罗斯、欧洲等世界主要力量的相关做法来看，这些国家塑造安全往往是基于自身国情特点和实力优势。面对中华民族伟大复兴战略全局和世界百年未有之大变局，我国有效维护和塑造国家安全，需要坚持系统观念，充分发挥比较优势。

坚持系统观念，就是要深入贯彻党的十九届五中全会精神，把安全发展贯穿于国家发展各领域和全过程，确保国家发展行稳致远。坚持系统观念，就是要全面领会总体国家安全观的深刻内涵和精神实质，对各领域、各要素、各层面的国家安全进行统筹兼顾，立足“总体”二字，从“大安全”角度认识和维护国家安全。

发挥比较优势，就需要增强“四个意识”、坚定“四个自信”、做到“两个维护”，充分发挥党的集中统一领导的政治优势，充分发挥中国特色社会主义的制度优势，充分发挥我国高质量发展阶段经济社会发展持续向好、治理效能不断提升的发展优势。发挥比较优势，还需要准确识变、科学应变、主动求变，善于在捍卫国家安全的过程中育先机、开新局，从更高层次更具前瞻性地维护国家安全。

参考文献

1 中共中央党史和文献研究院编:《习近平关于总体国家安全观论述摘编》,中央文献出版社 2018 年版。

2 习近平在深圳经济特区建立 40 周年庆祝大会上的讲话。

3 《中共中央关于制定国民经济和社会发展第十四个五年规划和二〇三五年远景目标的建议》。

图书在版编目（CIP）数据

百年变局与国家安全 / 中国现代国际关系研究院著 .—
北京 : 时事出版社 , 2021.4
（总体国家安全观系列丛书）
ISBN 978-7-5195-0424-3

Ⅰ. ①百… Ⅱ. ①中… Ⅲ. ①国家安全 - 研究 - 中国
Ⅳ. ① D631

中国版本图书馆 CIP 数据核字 (2021) 第 054206 号

出 版 发 行：时事出版社
地　　　址：北京市海淀区万寿寺甲 2 号
邮　　　编：100081
发 行 热 线：(010) 88547590　88547591
读者服务部：(010) 88547595
传　　　真：(010) 88547592
电 子 邮 箱：shishichubanshe@sina.com
网　　　址：www.shishishe.com
印　　　刷：北京良义印刷科技有限公司

开本：710mm × 1000mm　1/16　印张：19.5　字数：209 千字
2021 年 4 月第 1 版　2021 年 4 月第 1 次印刷
定　价：35.00 元
（如有印装质量问题，请与本社发行部联系调换）